VEGETARISCH

mit Genuss kochen

100 leckere Rezepte für jede Jahreszeit

APOTHEKEN Umschau

INHALT

HERBST AB SEITE 115

WINTER AB SEITE 167

NÄHRWERTANGABEN

Bei jedem Rezept finden Sie die Info zu Kaloriengehalt (in kcal) und zu folgenden Nährwerten:

Eiweiß (EW)
Fett
Kohlenhydrate (KH)
Ballaststoffe (BS)

Vegetarische Küche

Kaum ein Ernährungstrend hat eine so steile Karriere hinter sich wie die fleischlose Küche. Vegetarische Kost hat sich längst vom Image des „Rohkosttellers" befreit. Raffiniert komponierte Gerichte, oft überraschend gewürzt, die auch noch satt machen: Mit Verzicht hat diese kulinarische Richtung nichts zu tun. Weder fehlt es beim Geschmack noch in puncto Nährstoffe.

Befürchtungen, dass es dem Körper ohne Steaks, Braten, Wurst und Fisch an lebenswichtigen Inhaltsstoffen mangelt, sind wissenschaftlich nicht haltbar.
In der Regel ist bei ausreichend Abwechslung im Speiseplan auch eine ausreichende Versorgung mit Vitamin B_{12}, Eiweiß und Mineralstoffen sichergestellt.

Andererseits punkten Anhänger der Pflanzenkost in vielen Untersuchungen mit einer besseren Gesundheit. Einen Überblick über die recht komplexen Zusammenhänge zwischen fleischloser Ernährung und Gesundheitsplus finden Sie im ersten Teil dieses Buchs.

Vielleicht sind es aber gar nicht die gesundheitlichen Vorteile, die Sie zum Vegetarier werden ließen. Von Missständen in der Massentierhaltung über die große Umweltbelastung bis zum nicht immer sachgemäßen Einsatz von Medikamenten in der Tierhaltung sprechen auch viele ethische und ökologische Argumente für den Fleischverzicht.

Unabhängig davon, was Sie auch bewogen hat, fleischlos glücklich zu werden: Mit unseren leckeren Rezepten ab Seite 24 werden Sie für jeden Geschmack ein passendes Gericht finden. Und allen Fleischliebhabern lege ich ans Herz, sich regelmäßig eine vegetarische Abwechslung zu gönnen.

Ihr
Dr. Hans Haltmeier

AB JETZT OHNE FLEISCH?!

Sie sind seit Jahren Vegetarier? Oder haben Sie die vegetarische Küche gerade erst für sich entdeckt? Lieben Sie ab und zu ein gutes Stück Fleisch, wollen aber ansonsten möglichst auf tierische Produkte verzichten? Dann sind Sie in bester Gesellschaft!

VEGETARISCHE ERNÄHRUNG – EIN „URALTER" TREND

Vegetarismus ist mitnichten eine moderne Trenderscheinung – die Ernährungsform gibt es mindestens seit dem sechsten Jahrhundert vor Christus. Ihr Begründer war der griechische Philosoph Pythagoras, der die prägende Aussage getroffen haben soll: „Alles, was der Mensch den Tieren antut, kommt wieder auf den Menschen zurück." Das Wort „Vegetarismus" leitet sich von dem lateinischen Wort „vegetare" (abhärten, stärken) ab. In zahlreichen Ländern der Erde zählt die vegetarische Küche zur Hauptenährungsform, allen voran Indien. Aber auch in den westlichen Nationen entscheiden sich immer mehr Menschen dafür, auf Fleisch und Fisch zu verzichten. So gesehen ist die vegetarische Ernährungsform doch wieder ein Trend. Und die Zahlen sprechen für sich: Laut einer Umfrage des Marktforschungsunternehmens Allensbach aus dem Jahr 2019 verzichten rund 6 Mio. Deutsche komplett oder teilweise auf tierische Produkte. Darunter sind rund 1,3 Mio. Veganer.

Vegetarismus = lat. „vegetare" (abhärten, stärken)

DAS SPRICHT FÜR EINE VEGETARISCHE ERNÄHRUNG

Fitter, gesünder, schlanker? Die Motive für eine vegetarische Ernährung sind vielfältig – sie reichen von gesundheitlichen über religiöse bis hin zu ethischen Gründen wie dem Tierwohl.

Weniger Fleisch, bessere Gesundheit

Fitter, gesünder, schlanker – die Vorteile einer vegetarischen Ernährung

Zahlreiche wissenschaftliche Studien belegen: Als Vegetarier lebt es sich gesünder! Wer ganz oder größtenteils fleischlos lebt, weist in der Regel niedrigere Blutdruck-, Blutzucker- und Blutfettwerte auf. Die positiven Folgen: Vegetarier leiden seltener unter Krankheiten wie Diabetes Typ 2, Herz-Kreislauf-Erkrankungen sowie Krebsarten wie Darmkrebs.

Auch von Arteriosklerose bleiben Vegetarier oft verschont. Wie ist dieser Effekt zu erklären? Ein möglicher Grund könnte die im Fleisch enthaltene ungesättigte Fettsäure Arachidonsäure sein. Ein Zuviel an dieser Säure fördert Entzündungsprozesse im Körper. Diese wiederum fördern Arteriosklerose, eine Gefäßkrankheit, die zur Verengung und Verhärtung der Blutgefäße führt. Das Risiko für Schlaganfall und Herzinfarkt steigt dadurch deutlich an.

VEGETARIER = VEGETARIER?

Der eine verzichtet auf Fleisch und Fisch, der Nächste hat sämtliche tierischen Produkte von seinem Speiseplan gestrichen und der Dritte gönnt sich ab und zu ein feines Lachsfilet. Die Vielfalt der Vegetarier ist so bunt wie ein Korb voller Gemüse. Einen Überblick über die verschiedenen Formen des Vegetarismus finden Sie hier:

VEGANER ernähren sich ausschließlich pflanzlich. Sie lehnen jegliche vom Tier stammenden Stoffe oder Produkte ab, also auch Honig oder Lederschuhe. Selbst bei Kosmetik wird darauf geachtet, dass sie ohne Tierversuche hergestellt wurde.

FRUTARIER essen nur Pflanzen, die bei ihrer Ernte nicht „sterben“ müssen; radikale Anhänger dieser Ernährungsform essen nur Obst, das auf natürliche Weise vom Baum oder Strauch gefallen ist.

OVO-VEGETARIER essen rein pflanzlich. Daneben sind noch Eier (daher die Bezeichnung „Ovo“, abgeleitet von „ovum“, Lateinisch für „Ei“) und daraus hergestellte Produkte erlaubt.

PESCETARIER sind Vegetarier, die auch Fisch essen.

LACTO-VEGETARIER lehnen Fleisch, Fisch und deren Produkte ab, Milch und Milchprodukte hingegen stehen auf dem Speiseplan. „Lacto“ leitet sich vom lateinischen Wort für „Milch“ („lac“) ab.

FLEXITARIER ernähren sich größtenteils vegetarisch, essen aber auch ab und zu Fleisch und Fisch. In der Regel wird dabei dann auf gute Qualität geachtet.

OVO-LACTO-VEGETARIER verzichten auf Fleisch, Fisch und daraus hergestellte Produkte. Eier, Milch und deren Produkte hingegen werden verzehrt.

ROHKÖSTLER ernähren sich zu 100 Prozent von reiner Rohkost. Diese kann vegan, vegetarisch oder omnivor sein, entscheidend ist, dass das Essen nicht hitzebehandelt wird.

Ein weiterer mit Vorsicht zu genießender Stoff im Fleisch sind Purine. Sie werden im Körper zu Harnsäure abgebaut. Ein Zuviel an Harnsäure lagert sich in Form von Kristallen in Gelenken und im Gewebe ab und kann bei Menschen mit entsprechender Veranlagung Gicht auslösen.

Gesundes Essen, Sport, wenig Alkohol und keine Zigaretten: Vegetarier leben oft bewusster.

Eine pflanzenbasierte, abwechslungsreiche Ernährung kann also durchaus wie Medizin aus der Küche wirken: Wenig Kalorien, ein günstigeres Fettsäuremuster als bei klassischer Mischkost, dazu reichlich Ballaststoffe, Vitamine, Mineralien und sekundäre Pflanzenstoffe sind die ideale Kombination, um gesund und fit zu bleiben. Hinzu kommt die Tatsache, dass Vegetarier und Veganer meist von Grund auf eine gesündere Lebensweise an den Tag legen: Sie rauchen weniger, trinken weniger Alkohol und sind oft sportlich aktiver.

Gewicht – mehr als das Zünglein auf der Waage

Auf Fleisch zu verzichten, kann sich langfristig auch beim Gewicht bemerkbar machen: So haben Vegetarier, die sich ausgewogen (!) ernähren, seltener Übergewicht. Vielmehr eignet sich eine vielseitige vegetarische Ernährung bestens dazu, ein paar lästige Pfunde zu verlieren. Die Erklärung dafür liegt auf der Hand: Pflanzliche Lebensmittel wie Gemüse, Obst und Hülsenfrüchte haben aufgrund ihres oft hohen Wassergehalts, dafür aber niedrigen Fettanteils in der Regel wesentlich weniger Kalorien als tierische Lebensmittel. Dazu kommt der hohe Gehalt an komplexen Kohlenhydraten und Ballaststoffen. Beide machen lange satt und verhindern Heißhungerattacken – eine der möglichen Ursachen für zu viele Kilos auf der Waage.

Essen fürs gute Gewissen

Oft lebensunwürdige Zustände in der Massentierhaltung, Gammelfleisch im Supermarkt und Dioxin in Eiern – Lebensmittelskandale, die einem den Appetit auf Fleisch und tierische Produkte gründlich verderben können. Daher ist es nicht verwunderlich, dass bei Umfragen regelmäßig das Tierwohl als einer der Hauptbeweggründe genannt wird, warum sich Menschen für eine vegetarische oder vegane Ernährung entscheiden. Sie leben vegetarisch, ab und zu darf es aber etwas Fleisch sein? Dann achten Sie auf gute Qualität und idealerweise regionale Herkunft. Mit Bio-Fleisch oder Fleisch aus Weidehaltung sind Sie in der Regel auf der sicheren Seite - in puncto Nachhaltigkeit und Gesundheit. Das Fettsäuremuster von Tieren, die Gras, Klee und Heu fressen, ist wesentlich gesünder als das von Tieren aus Masthaltung, die mit Kraftfutter gefüttert werden.

STIMMT'S ODER STIMMT'S NICHT?

Vegetarisch zu leben, bedeutet Verzicht.

Nein! Eine pflanzenbasierte Ernährung kann äußerst vielseitig sein. Und selbst wer sich beim Fleischverzicht schwertut, findet inzwischen eine riesige Auswahl an Fleischersatzprodukten – von Veggieburger über Tofuschnitzel bis hin zu vegetarischer Wurst.

Als Vegetarier leidet man unter Nährstoffmangel.

Um den Vegetarismus ranken sich viele Mythen.

Wirklich kritisch sind tatsächlich nur die Nährstoffe Eisen und Vitamin B_{12}. Wer sich ausgewogen ernährt und Hülsenfrüchte sowie Nüsse auf seinen Speiseplan packt, hat jedoch nichts zu befürchten. Veganer hingegen sollten auf alle Fälle Vitamin B_{12} zusätzlich einnehmen, daneben auch auf eine ausreichende Zufuhr von Eiweiß, Kalzium, Zink, Vitamin D und Omega-3-Fettsäuren achten. Es empfiehlt sich, jährlich das Blut vom Arzt untersuchen zu lassen.

Ohne Fleisch wird man nicht satt.

Mitnichten! Köstliche Sattmacher sind ballaststoffreiche Lebensmittel wie Vollkornprodukte, viele Gemüsesorten und Kartoffeln. Auch das Eiweiß in Milchprodukten und Hülsenfrüchten sorgt für eine lang anhaltende Sättigung.

VEGETARISCH LEBEN – SO KLAPPT DER EINSTIEG

1. ERST FLEXITARIER, DANN VEGETARIER: Essen Sie Schritt für Schritt weniger Fleisch und Fleischprodukte.

2. Finden Sie **DIE ART** von Vegetarismus, die am besten zu Ihnen und Ihrem Leben passt. Mit oder ohne Milchprodukte? Eier – ja oder nein? Oder soll es ab und zu Fisch sein?

3. Wenn Sie sich doch mal Fleisch gönnen wollen, dann greifen Sie am besten zu **BIO-WARE** oder Fleisch aus **WEIDEHALTUNG.**

4. SORGEN SIE FÜR KULINARISCHE ABWECHSLUNG: Ob italienisch, indisch oder vietnamesisch – viele Küchen dieser Welt sind stark vegetarisch geprägt und bieten allerlei Anregungen für den täglichen heimischen Speiseplan.

5. TAUSCHGESCHÄFT: Ersetzen Sie Fleisch durch pflanzliche Alternativen – Kichererbsenburger statt Hamburger, Spaghetti mit Linsenbolognese und Tofuwürstchen für den Grill. Die Auswahl an Fleischersatzprodukten in Supermarkt und Co. lässt inzwischen kaum noch Wünsche offen (vgl. S. 21).

WORAUF KOMMT ES BEI EINER VEGETARISCHEN ERNÄHRUNG AN?

Sie haben sich für eine vegetarische Lebensweise entschieden? Dann sollten Sie auch an Ihrer restlichen Ernährung arbeiten. Wer einfach nur Fleisch, Wurst und Fisch weglässt, läuft Gefahr, sich auf lange Sicht unausgewogen zu ernähren.

WELCHE NÄHRSTOFFE SIND BESONDERS WICHTIG?

Bei Ihnen stehen bereits reichlich Gemüse und Obst, Hülsenfrüchte, Vollkorn- und Milchprodukte auf dem täglichen Speiseplan? Dann machen Sie schon viel richtig. Dennoch: Auf einige Nährstoffe sollten Vegetarier besonders achten, um keine Mangelerscheinungen zu bekommen:

Milch und Milchprodukte, Eier, Hülsenfrüchte, Hafer- und Mandeldrink, Tofu, Sojajoghurt

EIWEIß (PROTEINE): Eiweiß ist der Grundbaustein unseres Körpers. Zudem sind Proteine an vielen wichtigen Abläufen im Körper maßgeblich beteiligt. Da Fleisch und Fisch als Proteinquellen wegfallen, sollten Milch und Milchprodukte wie Joghurt, Quark und Käse täglich auf den Tisch kommen. Auch Eier sind ein echtes Superfood in Sachen Proteine. Dazu sind Hülsenfrüchte in all ihren Varianten hochwertige pflanzliche Eiweißlieferanten. Sie wollen gänzlich auf Eier und Milchprodukte verzichten? Dann sollten Sie auf das breite Angebot an pflanzlichen Alternativen zurückgreifen – von Hafer- und Mandeldrink über Sojajoghurt und Tofu bis hin zu veganem Käse findet sich inzwischen vieles im Supermarkt.

Nüsse und Kerne, hochwertige Öle wie Rapsöl, Leinöl oder Nussöl

GESUNDE FETTE: Hier sind Vegetarier gegenüber Fleischliebhabern klar im Vorteil! Bei einer pflanzenbasierten Ernährung, die bestenfalls noch mit Nüssen und Kernen aufgepeppt wird, ist das Verhältnis von „guten" mehrfach ungesättigten Omega-3-Fettsäuren zu „eher bösen" mehrfach ungesättigten Omega-6-Fettsäuren meist günstiger. Der Griff zu hochwertigen Ölen (z.B. Raps- und Leinöl oder Nussöl, die besonders viele Omega-3-Fettsäuren enthalten (siehe auch Seite 13), ist dann das i-Tüpfelchen, um Ihrem Körper eine Rundumversorgung mit wertvollen Fetten zu sichern.

Käse und Eier, mit dem Vitamin angereicherte Lebensmittel

VITAMIN B_{12}: Das wasserlösliche Vitamin ist immens wichtig für den Köper, denn es hat unter anderem eine elementare Funktion bei der Bildung roter Blutkörperchen. Vitamin B_{12} kommt in natürlicher Form (fast) ausschließlich in tierischen Produkten vor. Wer neben Fleisch auch auf Eier und Milchprodukte verzichtet, riskiert einen Mangel – es kann zu Störungen der Blutbildung und zu

Nervenschäden kommen. Das Tückische: Weil das Vitamin in der Leber gespeichert wird, zeigen sich Mangelerscheinungen oft erst nach Jahren. Veganer sollten mit dem Vitamin angereicherte Lebensmittel essen oder (nach Rücksprache mit ihrem Arzt) ein Vitamin B_{12}-Nahrungsergänzungsmittel einnehmen.

Fettreicher Seefisch, Eigelb und Milchprodukte, Vitamin D als Nahrungsergänzungsmittel

VITAMIN D: Das fettlösliche Vitamin, das unter anderem die Knochen stärkt, kommt vor allem in fettreichem Seefisch vor, daneben in geringen Mengen auch in Eigelb und Milch(produkten). Zwar kann der Körper das Vitamin mithilfe von Sonnenlicht selbst herstellen, aber wer sich in den dunklen Wintermonaten weniger als eine halbe Stunde am Tag draußen aufhält, ist gut beraten, seinen Vitamin-D-Spiegel vom Arzt überprüfen zu lassen und ggf. ein Nahrungsergänzungsmittel einzunehmen.

Getreide, Hülsenfrüchte, Blattsalate

Lassen Sie von Ihrem Arzt regelmäßig Ihren Eisengehalt prüfen.

EISEN: Ohne dieses Spurenelement könnten wir nicht überleben: Eisen bindet Sauerstoff an den roten Blutfarbstoff Hämoglobin. So wird dieser über das Blut im ganzen Körper verteilt und in den Zellen für die Energiegewinnung genutzt. Fehlt Eisen, kann es im schlimmsten Fall zu einer Blutarmut, einer sogenannten Eisenmangelanämie, kommen. Sie zeigt sich durch Beschwerden wie Müdigkeit, Konzentrationsschwäche, Schwindel und Haarausfall. Sowohl tierische als auch pflanzliche Lebensmittel enthalten das Spurenelement, der Körper kann jedoch tierisches Eisen besser verwerten. Zusätzlich hemmen Substanzen wie Kalzium, Phytinsäure (vor allem in Getreide enthalten) und Tannine aus Tee und Kaffee die Eisenaufnahme. Vitamin C hingegen fördert sie. Kombinieren Sie daher eisenreiche Lebensmittel (Getreide, Hülsenfrüchte, Blattsalate) mit Vitamin-C-haltigen Lebensmitteln (Gemüse, Obst). Auf der sicheren Seite sind Sie, wenn Sie von Ihrem Hausarzt regelmäßig Ihren Eisengehalt prüfen lassen.

Jodiertes Speisesalz

JOD: Das Spurenelement ist essenziell für die Produktion der Schilddrüsenhormone. Ein Mangel führt zu Antriebslosigkeit, Müdigkeit, Konzentrationsschwäche, bei Kindern zu Wachstums- und Entwicklungsstörungen. Eine ausreichende Jodversorgung über die Ernährung ist nicht immer gewährleistet. Die Deutsche Gesellschaft für Ernährung (DGE) empfiehlt daher, ausschließlich jodiertes Speisesalz zu verwenden.

Grundsätzlich gilt für Vegetarier und Veganer dasselbe wie für Fleischesser: Ausgewogen und vielseitig sollte der Speiseplan sein. Wer als sogenannter Puddingvegetarier viele hochverarbeitete Lebensmittel, Weißmehlprodukte oder Zuckerhaltiges isst, für den hat eine vegetarische Ernährung keine gesundheitlichen Vorteile.

DER OPTIMALE TÄGLICHE SPEISEPLAN

Sie sind noch kein Profi in Sachen vegetarische Ernährung? Das lässt sich ganz leicht ändern: Im Folgenden bekommen Sie einen detaillierten Überblick darüber, welche Lebensmittelgruppen für Sie wichtig sind und in welchen Mengen Sie diese in Ihren täglichen Speiseplan einbauen sollten. Die oberste Regel dabei ist: je abwechslungsreicher die Auswahl, umso besser!

Gruppe 1: Gemüse und Obst

Fünf ist Trumpf: Drei Portionen Gemüse und zwei Portionen Obst sind optimal.

Hier hat die bunte Koalition das Sagen! Gemüse und Obst sind die wichtigsten Komponenten in einer vegetarischen Ernährung. Sie versorgen uns mit zahlreichen Nährstoffen und das bei vergleichsweise wenig Kalorien. Drei Portionen Gemüse (ca. 400 g) und zwei Portionen Obst (ca. 250 g) sollten es am Tag sein. Als Faustregel gilt: Eine Portion entspricht etwa einer Handvoll des jeweiligen Produkts.

Gruppe 2: Vollkornprodukte und Kartoffeln

Ob Brot, Nudeln, Reis und Co., idealerweise aus Vollkorn, oder Kartoffeln: Sie liefern alle hochwertige Kohlenhydrate, wertvolles Eiweiß, Mineralstoffe und Spurenelemente sowie reichlich Ballaststoffe. Von den Sattmachern sollten es idealerweise drei Portionen am Tag sein. Das sind z.B. 2 bis 3 Scheiben Brot (à 50 g), ca. 60 bis 75 g Getreide (roh) und 150 g ungekochte Vollkornnudeln oder 2 bis 3 Kartoffeln (ca. 300 g).

Gruppe 3: Milchprodukte & pflanzliche Milchalternativen

Drei Portionen Milch, Milchprodukte oder pflanzliche Alternativen sollten es pro Tag sein.

Die Milch macht's! In diesem Werbeslogan steckt viel Wahrheit drin: Milch, Joghurt, Quark und Käse sind wichtige Lieferanten für hochwertiges Eiweiß, Kalzium und Vitamin D. Käse enthält zudem das lebenswichtige Vitamin B_{12} in nennenswerten Mengen. Für eine ausreichende Versorgung mit diesen wertvollen Nährstoffen sollten Sie drei Portionen am Tag einplanen. Das entspricht z.B. 100 bis 200 ml Trinkmilch, 100 bis 200 g Naturjoghurt und etwa 30 g Käse (1 bis 2 Scheiben). Verwenden Sie dabei möglichst natürliche Produkte ohne Zuckerzusatz. Statt Kuhmilch kommen bei Ihnen lieber Hafer- und Mandeldrink und Sojajoghurt auf den Tisch? Dann schauen Sie hier ganz genau auf die Zutatenliste: Diese Produkte enthalten oft Süßungsmittel und weitere Zusatzstoffe.

Gruppe 4: Hülsenfrüchte, Nüsse & Samen

Sie zählen zu den heimlichen Stars in der Vegetarier-Küche: Hülsenfrüchte wie Linsen, Kichererbsen und Co. Die gesunden Sattmacher enthalten unter anderem reichlich hochwertige komplexe Kohlenhydrate sowie wertvolles Eiweiß. Eine Portion darf es am Tag sein, das entspricht ca. 70 g rohen bzw. 125 g gegarten Hülsenfrüchten. Nüsse und Samen sind echtes Superfood, denn sie liefern besonders viele wertvolle Nährstoffe, allen voran gute Fette. Mit ein bis zwei Portionen am Tag (ca. 30 g pro Portion) bekommt Ihr Körper genug davon ab.

Gruppe 5: Pflanzliche Fette und Öle

Fett liefert mit rund 9 kcal pro g mehr als doppelt so viel Kalorien wie die gleiche Menge an Kohlenhydraten oder Eiweiß, aber: Mit den richtigen Fetten können Sie Ihrem Körper viel Gutes tun. Verwenden Sie vorrangig pflanzliche Öle und Fette, die reichlich ungesättigte Omega-3-Fettsäuren sowie Vitamin E enthalten. Dazu zählen Rapsöl, aber auch Walnuss-, Lein-, Soja- oder Olivenöl sowie daraus hergestellte Streichfette. 2 bis 3 EL dieser hochwertigen pflanzlichen Öle gehören zum täglichen Speiseplan.

Gruppe 6: Eier

Kleine Powerpakete: Hühnereier liefern das volle Eiweißspektrum, das unser Körper braucht.

Eier liefern sämtliche essenziellen Aminosäuren, die wir benötigen. Daneben sind sie eine gute Quelle für Vitamin D, Vitamin B_{12} und Eisen. Kaufen Sie am besten Bio-Eier von freilaufenden Hühnern – idealerweise von Höfen, die auch männliche Küken aufziehen. So tun Sie Ihrer Gesundheit etwas Gutes – Eier aus Legebatterien enthalten bedingt durch die Fütterung weniger Omega-3-Fettsäuren – und unterstützen zugleich eine artgerechte Tierhaltung.

Gruppe 7: Getränke

Unser Körper besteht zu rund 70 Prozent aus Wasser. Damit lebenswichtige Funktionen Tag für Tag am Laufen gehalten werden, sollten Sie täglich etwa 1,5 l Flüssigkeit zu sich nehmen. Ideale Durstlöscher sind Wasser, ungesüßte Früchte- und Kräutertees. Dazu sind zwei bis drei Tassen Kaffee pro Tag okay. Ab und an darf es auch eine Saftschorle sein (ein Drittel Saft/zwei Drittel Wasser). Gezuckerte Getränke wie Limonaden, Cola und Energiedrinks sollten Sie links liegen lassen. Pimpen Sie Ihr Wasser mit frischen Beeren, Fruchtscheiben oder Kräutern wie Minze – das bringt Abwechslung und Aroma ins Glas. Übrigens: Gerade eine pflanzenbasierte Ernährung liefert ebenfalls reichlich Flüssigkeit.

Und was ist mit Knabberzeug und Alkohol?

Genießen Sie Alkohol nur in kleinen Mengen und idealerweise so selten wie möglich.

Süßigkeiten und salzige Snacks wie Chips sind meist nährstoffarm und enthalten unnötige Kalorien, zu viel Zucker oder Salz. Hier sollten Sie möglichst verzichten. Auch bei Alkohol ist Vorsicht angesagt: Er schlägt mit 7 kcal pro g zu Buche, liefert aber nur „leere“ Kalorien, d.h., der Körper kann daraus keine Energie ziehen. Zugleich begünstigt Alkohol die Leberverfettung und kann das Risiko für viele Krankheiten wie Krebs und Diabetes erhöhen.

GEMÜSE UND OBST: EVERGREENS DER VEGETARISCHEN KÜCHE

Für eine vollwertige Ernährung gehören Gemüse und Obst täglich mehrmals auf den Tisch. „Fünf am Tag", so lautet die Empfehlung der DGE. Bauen Sie Gemüse und Obst in jede Mahlzeit ein, entweder roh oder schonend zubereitet, damit viele Nährstoffe erhalten bleiben (siehe Seite 17).

GESUND, GESÜNDER, GEMÜSE!

Was genau macht Gemüse und Obst so wertvoll? Beide haben meist einen hohen bis sehr hohen Wassergehalt, somit wenig Kalorien und kaum Fett. Dazu liefern sie komplexe Kohlenhydrate und Ballaststoffe, die verhindern, dass der Blutzuckerspiegel – und somit auch der Insulinspiegel – zu rasch steigt.

Ein weiteres großes Plus: Gemüse und Obst enthalten reichlich Vitamine und Mineralien sowie sekundäre Pflanzenstoffe. Gerade Letztere haben eine entscheidende Rolle in vielen Stoffwechselprozessen: Sie sind antioxidativ, entzündungshemmend und antibakteriell, wirken positiv auf das Immunsystem und sogar vor einigen Krebsarten sollen sie schützen. Sie verleihen Gemüse und Obst ihre Farbe und sind der Grund für verschiedene Aromen, wie z.B. die Schärfe von Rettich, den Geruch von Zwiebeln oder den bitteren Geschmack von Radicchio. Je bunter und abwechslungsreicher Sie also essen, desto besser. Dann bekommt Ihr Körper die ganze Bandbreite an sekundären Pflanzenstoffen serviert.

SAISONAL UND REGIONAL: DIE BESTEN ZU JEDER JAHRESZEIT

Saisonales Obst und Gemüse aus der Region sind wunderbar aromatisch, günstiger und nachhaltiger.

Ob Erdbeeren, Tomaten, Kürbis oder Kohl: Rund ums Jahr können wir aus einem schier endlosen Angebot an Gemüse- und Obstsorten schöpfen. Wählen Sie möglichst saisonale und regionale Ware, denn dann bekommen Sie voll ausgereiftes Gemüse und Obst mit hervorragendem Aroma, das zudem meist deutlich günstiger ist als außerhalb der Saison. Und auch die Transportwege sind kurz – was wiederum der Umwelt guttut.

Frühling – frisch und knackig

Heiß ersehnte kulinarische Frühlingsboten sind das Traumpaar Spargel und Erdbeeren. Die Königin des Gemüses überzeugt als Suppe, klassisch mit Kartoffeln oder modern als Pastagericht. Erdbeeren versüßen nicht nur die Kaffeetafel in Form von leckerem

Kuchen – toppen Sie mit den roten Früchtchen doch auch mal Frühlingssalate und Gemüsecarpaccio. Auch Grün ist jetzt Trumpf: Würziger Bärlauch, zarter Spinat und aromatische Kräuter läuten die frische Frühjahrsküche ein. Für feinsäuerliche Akzente ist Rhabarber die Frucht der Wahl (obwohl er botanisch zu den Gemüsen zählt) – und schmeckt auch lecker im Mix mit Erdbeeren.

Sommer – Aroma in Hülle und Fülle

Für Vegetarier sind die Sommermonate das Paradies auf Erden: Jetzt kommen sonnenverwöhntes, vor Aroma strotzendes Gemüse und Obst auf den Tisch! Von Tomaten und Fenchel über Paprika bis hin zu Zucchini – die Auswahl an knackigen Veggies ist nun besonders groß und sie sind die ideale Zutat für die leichte, gesunde Sommerküche. Farbenfrohe, süße Highlights setzen aromatische Früchtchen wie Himbeeren, Johannisbeeren, Aprikosen, Kirschen und Co.

Herbst – bunte Highlights

Wenn das Laub von den Bäumen fällt, darf es auch in der Küche wieder etwas deftiger werden. Ob als cremiges Süppchen, würziges Ofengemüse oder Füllung für Nudeln – am Kürbis führt jetzt kein Weg vorbei. Hierzulande schätzen wir vor allem den orangefarbenen Hokkaidokürbis. Zu den heimischen Höhepunkten gehören zudem Maronen sowie Pilze. Äpfel und Birnen sind die Obstklassiker im Herbst und passen auch wunderbar in herzhafte Gerichte. Toppen Sie Suppen, Salate und Desserts mit Walnüssen – sie sind reich an besonders gesunden Omega-3-Fettsäuren.

Jede Jahreszeit hat ihr ganz eigenes Repertoire an Gemüse und Obst zu bieten. Kulinarische Anregungen dazu finden Sie ab Seite 24.

Winter –Vitaminbooster für die kalte Jahreszeit

Jetzt schlägt die Stunde für die große Kohl-Familie: Weißkohl, Rotkohl, Rosenkohl und Co. sind nicht nur kulinarisch vielseitig, sondern dazu auch echte Kraftnahrung. Die Kohlköpfe stärken unser Immunsystem mit Vitaminen, allen voran mit Vitamin C, Mineralstoffen sowie sekundären Pflanzenstoffen. Auch Wurzelgemüse wie Petersilienwurzel, Rote Bete und Pastinake bereichern im Winter den Speiseplan – geschmacklich und optisch!

Und außerhalb der Saison?

Da greifen Sie bei den meisten Sorten lieber zu tiefgekühltem Gemüse statt zu teurer Ware aus Übersee, die zudem lange Transportwege hinter sich und daher bereits einiges an Nährstoffen verloren hat. Auch viele Früchte sind inzwischen als Tiefkühl-Version erhältlich. Der Vorteil: Da Gemüse und Früchte direkt nach der Ernte, also im reifen Zustand schockgefroren werden, enthalten sie noch reichlich wertvolle Vitalstoffe.

DIE GLORREICHEN SIEBEN

Unter den vielen Gemüse- und Obstsorten gibt es einige, die besonders viele Vorzüge haben – und sozusagen Medizin aus der Küche sind. Hier eine kleine Auswahl an vegetarischen Superstars:

1. **HEIDELBEEREN** Die dunklen Beeren sind echte Immunbooster! Die enthaltenen Vitamine C und E wirken antibakteriell und stärken die Abwehr. Die Anthocyane, die die Beeren so schön dunkelblau färben, senken den Blutdruck.

2. **ÄPFEL** „One apple a day keeps the doctor away"! Die Paradiesfrüchte sind gesunde Multitalente: Vitamin C und E stärken die Abwehr, die Ballaststoffe fördern die Verdauung und machen lange satt. Die meisten Nährstoffe sitzen unter der Schale – also am besten diese immer mitessen.

3. **ROTE PAPRIKA** Das knackige Nachtschattengewächs ist die Vitamin-C-Bombe unter den Gemüsen. 100 g Paprika haben fast dreimal so viel Vitamin C als dieselbe Menge Zitrone oder Orange. Daneben liefert Paprika Betacarotin und Lycopin, die Augen, Haut und Herz schützen.

4. **BROKKOLI** Dem Star aus der Kohl-Familie wird eine krebsvorbeugende Wirkung nachgesagt. Er kann aber noch mehr: Mit seinem Mix aus Vitamin C (er enthält doppelt so viel wie sein Verwandter Blumenkohl), Folsäure, Mineralstoffen und sekundären Pflanzenstoffen wirkt er entzündungshemmend, antibakteriell und stärkt die Abwehr.

5. **ROTE BETE** Das Wurzelgemüse ist gerade für Vegetarier eine gute Eisenquelle. Die roten Rüben fördern zudem die Verdauung, schützen das Herz-Kreislauf- und das Nervensystem und senken den Blutdruck. Und dank ihrer Ballaststoffe machen sie auch noch lange satt.

6. **SPINAT** Popeye kann nicht irren: Spinat ist ein echtes Wundermittel! Die grünen Blätter liefern reichlich Folsäure, Vitamin C, Eisen, Magnesium und Antioxidantien (vor allem Carotinoide). Da frischer Spinat schnell Nährstoffe verliert, können Sie hier guten Gewissens zu Tiefkühl-Ware greifen.

7. **TOMATEN** Das kalorienarme Fruchtgemüse ist vor allem für seinen Gehalt an dem Carotinoid Lycopin berühmt, das seine antioxidative Wirkung am besten entfaltet, wenn Tomaten gekocht und mit etwas Fett kombiniert verzehrt werden. Das enthaltene Kalium macht Tomaten zu Entwässerungsspezialisten und hilft, den Blutdruck zu senken.

SCHONBEHANDLUNG ERWÜNSCHT

Ob gebraten, gedünstet, gegrillt oder als Rohkost genossen – kein anderes Lebensmittel lässt sich so vielfältig zubereiten wie Gemüse. Aber welche Zubereitungsarten sind besonders empfehlenswert, um die wertvollen Inhaltsstoffe so gut wie möglich zu erhalten?

Als **ROHKOST** eignen sich viele Gemüsesorten – von Möhren über Paprika bis zu Gurken. Wird das Gemüse nicht erhitzt, werden wertvolle Nährstoffe wie Vitamin C, Folsäure und sekundäre Pflanzenstoffe nicht zerstört. Damit die enthaltenen fettlöslichen Vitamine vom Körper aufgenommen werden können, sollten Sie Rohkost am besten immer mit etwas hochwertigem Fett kombinieren, z.B. mit einer Vinaigrette oder einem Joghurtdip.

Eine besonders schonende Garmethode für Gemüsesorten wie Brokkoli, Möhren und Spargel ist das **DÄMPFEN.** Das Gargut wird nicht direkt im Wasser, sondern lediglich in einem Dämpfeinsatz im aufsteigenden heißen Dampf gegart. So gehen kaum wertvolle Inhaltsstoffe verloren, auch Form, Farbe und Geschmack bleiben bestens erhalten.

Dämpfen, blanchieren, dünsten – mit diesen Garmethoden bleiben möglichst viele wertvolle Nährstoffe erhalten.

Perfekt für zahlreiche Gemüsesorten ist **DÜNSTEN,** das Garen im eigenen Saft unter Zugabe von wenig Fett oder Flüssigkeit im geschlossenen Topf. Auch im Backofen lässt es sich wunderbar dünsten: Das Gargut kommt dann in einen Bratschlauch oder wird in Alufolie oder Pergament gewickelt.

Robustes Gemüse wie Bohnen, Erbsen oder auch Blumenkohl lässt sich perfekt **BLANCHIEREN:** dafür das Gemüse kurz in (Salz-)Wasser bissfest garen und sofort kalt abschrecken. Das unterbricht den Garprozess, Vitamine, Mineralien und Co. bleiben zu einem großen Teil erhalten, das Gemüse bleibt knackig und schön farbig.

Tomaten, Kürbis und auch Möhren dürfen hingegen auch mal etwas länger **KOCHEN.** Denn erst dann werden das Lycopin in den Tomaten und das Betacarotin in Möhren und Kürbis besser verfügbar. Beides sind wichtige Radikalfänger.

FÜR BESSERESSER:

Für wunderbar aromatisches Gargut sorgen Kräuter und Gewürze. Zudem enthalten sie reichlich Vitamine, Mineralstoffe sowie antioxidativ wirkende Stoffe. Verfeinern Sie Ihr Essen daher möglichst oft mit Kräutern und Gewürzen statt mit Salz – so tun Sie ganz nebenbei auch noch Gutes für Ihre Gesundheit!

GETREIDE UND CO.: KORN FÜR KORN ZUM GENUSS

Von Klassiker Hafer über die schnelle Truppe rund um Couscous bis hin zu den Pseudogetreiden wie Quinoa und Amarant: Körner sind aus der ausgewogenen Vegetarier-Küche nicht wegzudenken!

DIE STARS UNTER DEN KÖRNERN

HAFER kennen wir vor allem in Form von Haferflocken. Die knackigen Körner enthalten reichlich Zink, Eisen, Biotin und B-Vitamine und sorgen so für schönes Haar, gesunde Haut und starke Nerven. Sie sind unverzichtbar in der Müsliszene und haben gequollen als Overnight Oats einen festen Platz an vielen Frühstückstischen. Übrigens: Hafer enthält kein Gluten (Klebereiweiß), kann aber durch Abfüllanlagen mit Gluten kontaminiert sein. Achten Sie bei Glutenunverträglichkeit (Zöliakie) auf geprüften sicher glutenfreien Hafer.

Nur Reis war gestern: Die moderne Getreideküche hat viel mehr zu bieten.

HIRSE ist unter allen Getreidesorten die eisenreichste. Daneben enthält sie besonders hochwertiges Eiweiß und sättigende Kohlenhydrate, aber kein Gluten. Die Körner lassen sich ähnlich wie Reis verwenden: als Beilage zu Gemüsegerichten, für Aufläufe oder süße Speisen.

Sie sind ein Fan der schnellen Küche? Dann liegen Sie mit **BULGUR** und **COUSCOUS** genau richtig! Bulgur ist geschälter und zerkleinerter Hartweizen, der vorgekocht und anschließend getrocknet wurde. Couscous hingegen wird aus zerstoßenem Grieß (Hartweizen, Gerste oder Hirse) gewonnen. Seine Kügelchen sind feiner und rund geschliffen. Als Instantvarianten sind beide fix zubereitet und machen dabei lange satt.

Pseudogut? Mitnichten! Das Pseudogetreide hat viel Gutes in sich!

Die neuen Superfoods unter den Körnern sind **QUINOA, BUCHWEIZEN** und **AMARANT.** Sie zählen zu den sogenannten Pseudogetreiden und sind ebenfalls glutenfrei. Die kleinen Samen der Quinoa, auch bekannt unter Reismelde, enthalten mehr Eiweiß und Eisen als klassische Getreidearten. Sie schmecken nussig und eignen sich super für Salate, Brote, Suppen und als würzige Beilage. Buchweizen liefert reichlich B-Vitamine. Er schmeckt als ganzes Korn geröstet oder als Mehl in Pfannkuchen. Das Fuchsschwanzgewächs Amarant ist sehr eiweiß- und mineralstoffreich. Seine Samen werden meist in gepoppter Form für Müslis, aber auch Gemüsepfannen oder Süßspeisen verwendet.

JE VOLLER, DESTO TOLLER

Die Empfehlung ist beileibe nicht neu, aber gerade für Vegetarier essenziell: Greifen Sie so oft wie möglich zur Vollkornvariante! Warum Vollkornprodukte gesünder als Produkte aus ausgemahlenem Mehl wie Weißbrot und Toast sind? Die hochwertigen Inhaltsstoffe des Korns stecken vor allem in den Randschichten und im Keimling. Beides wird jedoch bei der Produktion von weißem Mehl ausgesiebt.

Vollkornprodukte hingegen strotzen nur so vor wertvollen Nährstoffen. Außerdem lassen sie den Zucker- und Insulinspiegel weniger stark steigen als verarbeitete Weißmehlprodukte, machen dank der enthaltenen Ballaststoffe länger satt (siehe unten) und wirken sich auch günstig auf die Blutfette aus.

Eine aktuelle Studie aus den USA hat zudem herausgefunden, dass eine Vollkornernährung einen positiven Einfluss auf die Darmmikroben und damit auf die Immunabwehr hat.

Top-Ballaststofflieferant

Wertvoller „Ballast“: Unverdauliche Pflanzenfasern sind für eine gesunde Ernährung unersetzlich.

Vollkorn enthält reichlich Ballaststoffe. Die unverdaulichen Pflanzenfasern liefern zwar keine Energie, sind aber alles andere als nutzlos: Bereits im Magen verdicken sie den Speisebrei, verzögern dadurch die Magenentleerung und machen so länger satt. Heißhungerattacken haben keine Chance!

Unlösliche Ballaststoffe können Wasser binden und im Darm aufquellen. Das vergrößert das Stuhlvolumen, der Darminhalt wird schneller weitertransportiert und Verstopfungen werden vermieden. Daneben können Ballaststoffe auch einen Teil des Cholesterins im Darm binden und so dazu beitragen, dass der Cholesterinspiegel im Blut stabil bleibt. Des Weiteren wird ihnen nachgesagt, das Risiko für Bluthochdruck, Übergewicht, Diabetes und sogar Darmkrebs zu verringern.

Trinken Sie mindestens 1,5 l/Tag, damit die Ballaststoffe aufquellen und ihre positive Wirkung entfalten können.

Für eine ausreichende Versorgung mit Ballaststoffen orientieren Sie sich an den Empfehlungen der DGE:

- Essen Sie täglich Brot aus Vollkorn.
- Wählen Sie bei Nudeln und Co. so oft wie möglich die Vollkornvariante.
- Kombinieren Sie Getreideprodukte mit anderen ballaststoffreichen Lebensmitteln, z.B. Haferflocken mit frischem Obst oder Couscous mit Kichererbsen und Gemüse.
- Verwenden Sie beim Backen möglichst Weizenmehl der Type 1050 oder Weizenvollkornmehl.

HÜLSENFRÜCHTE UND NÜSSE: VOLLE KRAFT VORAUS

Sie sind klein, unscheinbar und doch steckt so viel in ihnen drin! Für eine ausgewogene, gesunde Ernährung sollten Sie als Vegetarier Hülsenfrüchte und Nüsse fest in Ihren täglichen Speiseplan einbauen.

HÜLSENFRÜCHTE, DIE SUPERKÖRNER

Ob Linsen, Kichererbsen oder Bohnen: Sie alle zählen zu den Hülsenfrüchten. Darunter versteht man die Samen von Pflanzen, die in einer Hülse heranreifen. Sie werden im überreifen Zustand geerntet, getrocknet und gegebenenfalls geschält. Im Handel sind sie roh oder gegart in der Konserve erhältlich. Daneben gibt es Mehl und Pasta aus Hülsenfrüchten – perfekt für alle, die sich Low Carb ernähren.

So unscheinbar und dabei so toll: Hülsenfrüchte sind eine wahre Schatzkiste an wertvollen Inhaltsstoffen.

Mit bis zu 15 g Protein pro 100 g im gegarten Zustand sind Hülsenfrüchte DIE optimale Quelle für pflanzliches Eiweiß. Ihr hoher Gehalt an Proteinen sowie an Ballaststoffen macht sie zudem zu einem super Sattmacher. Daneben liefern die Körner weitere wertvolle Nährstoffe wie die Vitamine B_1, B_6 und Folsäure und die Mineralstoffe Eisen, Magnesium und Zink. Sie enthalten zudem sekundäre Pflanzenstoffe, die zahlreiche positive gesundheitliche Wirkungen haben (siehe Seite 14).

Übrigens: Damit es nicht bei jedem Böhnchen ein Tönchen gibt, sollten Sie Gerichte aus Hülsenfrüchten immer mit verdauungsfördernden Gewürzen wie Kümmel, Kreuzkümmel oder Kurkuma zubereiten.

Superstar Sojabohne

In Asien schon seit Jahrtausenden Grundnahrungsmittel, hat die Sojabohne in den letzten Jahrzehnten auch bei uns eine steile Karriere hingelegt. Die Bohne ist der Tausendsassa unter den Hülsenfrüchten. Ihre Produktvielfalt ist auch wirklich beeindruckend. Hier eine kleine Auswahl: Tofu (natur, geräuchert oder mit Kräutern und Nüssen verfeinert) schmeckt vor allem gebraten oder gegrillt und ersetzt Fleisch und Würstchen. Misopaste dient als Grundlage für würzige, asiatisch angehauchte Brühen. Cremiger Seidentofu ist perfekt für Desserts. Alle, die Milchprodukte meiden, freuen sich über Sojadrink, Sojacreme und Sojajoghurt. Und aus Sojaschnetzeln lässt sich eine vegane Sauce bolognese zubereiten.

Und was kann die kleine Bohne? Soja ist eine gute Quelle für pflanzliches Eiweiß. Die essenzielle Aminosäure Tryptophan regt die Produktion des Glückshormons Serotonin an, wirkt daher stimmungshebend. Die enthaltenen Phytoöstrogene stärken die Abwehr, hemmen Entzündungen und wirken hormonell ausgleichend. Außerdem senkt Soja das „schlechte" LDL-Cholesterin. Achten Sie beim Kauf auf Sojaprodukte aus nachhaltigem, gentechnikfreiem Anbau. So können Sie sicher sein, dass dafür kein Regenwald abgeholzt wurde.

FETT, ABER OHO: NÜSSE, KERNE UND SAMEN

Echte Kraftpakete: Zahlreiche Studien zeigen, wie gesund Nüsse sind.

Früher als Dickmacher verschrien, erleben Nüsse inzwischen ein wohlverdientes Revival. Denn mit ihrem Mix aus wertvollen Fetten, hochwertigen Proteinen, zahlreichen Vitaminen, Mineralstoffen und Spurenelementen sind sie echtes Superfood. Maßvolles (!) Naschen ist also ausdrücklich erwünscht! Idealerweise knabbern Sie täglich eine Handvoll Nüsse – das entspricht 20 bis 30 g. Der Superstar unter den Nüssen ist die Walnuss. Sie besitzt eine optimale Kombination aus Omega-3- und Omega-6-Fettsäuren und senkt so das Risiko für Herz-Kreislauf-Erkrankungen und Bluthochdruck. Auch bestens als Snack geeignet sind Mandeln – sie stärken Immunsystem und Nerven.

Perfekt als knackige, gesunde Toppings auf Salaten, Suppen oder Joghurt sind Kerne wie Sonnenblumenkerne und Samen wie Sesam- oder Leinsamen. Obwohl sie mini sind, strotzen sie nur so vor guten Inhaltsstoffen – darunter Omega-3-Fettsäuren, Vitamine, Mineral- und Ballaststoffe.

FLEISCHERSATZPRODUKTE – EINE GUTE ALTERNATIVE?

Ob Tofuwürstchen, Burger aus Kichererbsen oder vegane Leberwurst: Fleischersatzprodukte stehen hoch im Kurs. Bei einer Umfrage aus dem Jahr 2019 gaben 2,9 Mio. Deutsche an, mehrmals pro Monat Fleischersatzprodukte zu konsumieren. Dementsprechend groß ist inzwischen die Bandbreite an diesen Produkten. Sie können eine willkommene Bereicherung für den täglichen Speiseplan sein.

Schauen Sie beim Kauf jedoch immer genau auf die Zutatenliste – viele dieser Produkte enthalten (zu) viel Fett, Salz und Zucker. Und um dem tierischen Original im Geschmack möglichst nahezukommen, wird oft eine Reihe an Zusatzstoffen wie Farb- und Konservierungsstoffe, Verdickungsmittel und Aromen zugesetzt.

FRÜHLING

Saisongemüse: Bärlauch, Eisberg, Lauch, Mairüben, Mangold, Radieschen, Rhabarber, Spargel, Spinat

Saisonobst: Erdbeeren

FRÜHLINGSSUPPE MIT KERBEL UND ROTE-BETE-KLÖSSCHEN

Für 4 Personen
Zubereitung: ca. 45 Min.

1 Zwiebel
1 Knoblauchzehe
1 TL Rapsöl
1 l Gemüsebrühe
1 Bund Kerbel
1 kleine Rote Bete (ca. 150 g)
300 ml Milch (1,5 % Fett)
Salz
frisch geriebene Muskatnuss
100 g Hartweizengrieß
1 Ei
200 g Frischkäse (0,2 % Fett)

Pro Person: ca. 240 kcal, 14 g EW, 5 g Fett, 26 g KH, 3 g BS

Die Zwiebel und den Knoblauch schälen, in feine Würfel schneiden und im Öl in einer Pfanne andünsten. Mit der Brühe ablöschen.

Den Kerbel waschen und trocken schütteln, die Stiele abschneiden, zusammenbinden und in die Suppe geben. Die Suppe 30 Minuten köcheln lassen.

Die Kerbelblätter fein hacken. Die Rote Bete schälen und grob raspeln. Die Milch mit ¼ TL Salz und 1 Prise Muskatnuss aufkochen, Grieß und Rote-Bete-Raspeln einrühren und bei schwacher Hitze quellen lassen. Dann das Ei gleichmäßig unterrühren.

Aus der Masse mit feuchten Händen Klößchen formen und in leicht köchelndem Salzwasser etwa 10 Minuten gar ziehen lassen. Herausheben und auf einem Teller warm halten.

Die Kerbelstiele aus der Brühe nehmen, Brühe mit Frischkäse und der Hälfte der gehackten Kerbelblätter fein pürieren. Nochmals kurz erhitzen.

Die Rote-Bete-Klößchen auf Suppenteller oder Schälchen verteilen, mit der Suppe auffüllen und mit restlichen Kerbelblättern bestreut sofort servieren.

Apotheken Umschau Frische Kräuter wie Kerbel, Petersilie und Co. sind gute Eisenlieferanten. Das Spurenelement spielt für die Bildung der roten Blutkörperchen eine wichtige Rolle. Daher sollten gerade Vegetarier ihr Essen so oft wie möglich mit Kräutern verfeinern.
Wichtig: Zarte Kräuterblätter wie Kerbel nicht mitkochen! Die Blättchen immer erst ganz zum Schluss dazugeben, das schont die Vitamine.

Pro Person:
ca. 240 kcal

SENF-EIER IM SPINATNEST

Für 4 Personen
Zubereitung: ca. 35 Min.

2 Zwiebeln
1 kleine mehligkochende Kartoffel (ca. 100 g)
1 EL Butter
150 ml kräftige Gemüsebrühe
Salz
75 ml Weißweinessig
4 Eier
1 Knoblauchzehe
600 g junger Blattspinat
1 EL Rapsöl
Pfeffer aus der Mühle
frisch geriebene Muskatnuss
100 g Kochsahne (15 % Fett)
2–3 EL mittelscharfer Senf
2 EL Kresse

Pro Person: ca. 248 kcal, 3 g EW, 16 g Fett, 9 g KH, 5 g BS

Die Zwiebeln schälen und in feine Würfel schneiden. Die Kartoffel schälen und in kleine Würfel schneiden. In einem kleinen Topf 1 Zwiebel in der Butter andünsten. Kartoffelwürfel dazugeben, 2 bis 3 Minuten mitbraten. Die Brühe angießen und alles zugedeckt etwa 10 Minuten garen.

Inzwischen ca. 1,5 l Salzwasser aufkochen und den Essig hinzufügen. Mit einem Kochlöffel umrühren, bis ein Strudel entsteht. Die Eier einzeln aufschlagen, vorsichtig ins Wasser gleiten und 6 Minuten pochieren lassen. Mit dem Kochlöffel herausheben und warm stellen.

Den Knoblauch schälen und in feine Würfel schneiden. Spinat verlesen, waschen und trocken schleudern. Restliche Zwiebel und Knoblauch in einer Pfanne im Öl andünsten. Den Spinat tropfnass dazugeben und zugedeckt zusammenfallen lassen. Mit Salz, Pfeffer und 1 Prise Muskatnuss würzen.

Den Kartoffel-Brühe-Mix mit dem Stabmixer pürieren, die Sahne hinzufügen und heiß werden lassen. Dann den Senf unterrühren. Die Sauce mit Salz und Pfeffer würzen.

Spinat auf vier Gläser verteilen, jeweils ein pochiertes Ei und etwas Senfsauce daraufgeben. Mit Kresse bestreut servieren.

Apotheken Umschau Ja, Eier enthalten Cholesterin. Aber wer gesund ist und sie in Maßen verzehrt, muss sich keine Gedanken machen. Eier sind zudem reich an vielen wertvollen Stoffen – neben hochwertigem Eiweiß liefern sie auch zahlreiche Vitamine und Mineralstoffe.

Pro Person:
ca. 248 kcal

SPARGELSUPPE MIT SPINAT-KÄSE-KLÖßCHEN

Für 4 Personen
Zubereitung: ca. 50 Min.

1 Zwiebel
1 TL Rapsöl
150 ml Milch (1,5 % Fett)
80 g tiefgekühlter Blattspinat
60 g Weizengrieß
50 g Parmesan (am Stück)
1 Ei
Salz, Pfeffer aus der Mühle
frisch geriebene Muskatnuss
800 ml Gemüsebrühe oder -fond
500 g weißer Spargel

Pro Person: ca. 194 kcal, 3 g EW, 9 g Fett, 15 g KH, 4 g BS

Die Zwiebel schälen, in feine Würfel schneiden und in einem Topf im Öl andünsten. Mit der Milch ablöschen. Den Spinat darin auftauen lassen.

Dann den Grieß dazugeben und die Masse unter ständigem Rühren aufkochen, bis ein fester Teig entsteht. Abkühlen lassen.

Den Parmesan reiben, die Hälfte mit dem Ei unter den Teig rühren. Mit Salz, Pfeffer und Muskatnuss würzen. Ist der Teig zu feucht, noch etwas Grieß hinzufügen. Aus dem Teig mit feuchten Händen kleine Klöße formen.

In einem Topf ½ l Brühe aufkochen und die Klößchen darin bei mittlerer Hitze 10 Minuten ziehen lassen, dann herausnehmen.

Den Spargel waschen, schälen und die holzige Enden abschneiden. Enden und Schalen 15 Minuten in der restlichen Brühe auskochen. Geschälten Spargel in kleine Stücke schneiden und in der Spinatklößchenbrühe etwa 15 Minuten garen, bis sie weich sind.

Die Brühe mit den Spargelschalen und -enden durch ein Sieb gießen und mit den Spinat-Käse-Klößchen zur übrigen Suppe geben. Die Spargelsuppe mit restlichem Parmesan bestreut servieren.

Apotheken Umschau Gemüsebrühe lässt sich sehr leicht selbst machen. Dazu je 300 Gramm Möhren und Knollensellerie sowie je 2 Zwiebeln und Knoblauchzehen schälen und in Stücke schneiden. Alles mit 1 halbierten Stange Lauch, 1 kleinem Bund Petersilie und weiteren Kräutern Ihrer Wahl in einen großen Topf geben und mit etwa 2 Liter Wasser aufgießen. Zum Kochen bringen und bei mittlerer Hitze 1 Stunde weiterköcheln lassen. Suppe durch ein Sieb gießen und mit Salz abschmecken.

Pro Person:
ca. 194 kcal

KARTOFFEL-BÄRLAUCH-SUPPE

Für 4 Personen
Zubereitung: ca. 25 Min.

3 rote Zwiebeln
1 Knoblauchzehe
600 g mehligkochende Kartoffeln
3 EL Olivenöl
700 ml kräftige Gemüsebrühe
150 g Kochsahne (15 % Fett)
Salz, Pfeffer aus der Mühle
abgeriebene Schale von ½ Bio-Zitrone
½ TL brauner Zucker
1 Bund Bärlauch

Pro Person: ca. 294 kcal, 16 g EW, 14 g Fett, 30 g KH, 6 g BS

Die Zwiebeln und den Knoblauch schälen. 2 Zwiebeln in Ringe schneiden. Die dritte Zwiebel und den Knoblauch in feine Würfel schneiden.

Die Kartoffeln schälen, waschen und grob raspeln. In einem Topf 2 EL Olivenöl erhitzen und Zwiebel- und Knoblauchwürfel darin andünsten. Die Kartoffelraspel hinzufügen und kurz mitdünsten. Die Brühe angießen und bei geschlossenem Deckel etwa 10 Minuten köcheln.

Die Kochsahne dazugeben und die Suppe mit dem Stabmixer fein pürieren. Mit Salz, Pfeffer und Zitronenschale würzen.

Das restliche Olivenöl in einer Pfanne erhitzen und die Zwiebelringe darin bei mittlerer Hitze anrösten. Salzen, mit Zucker bestreuen und leicht karamellisieren.

Den Bärlauch verlesen, waschen und trocken schütteln, grobe Stiele entfernen. Blätter hacken und unter die Suppe heben. Die Kartoffel-Bärlauch-Suppe mit den karamellisierten Zwiebelringen anrichten.

Apotheken Umschau Wer Bärlauch selbst sammelt, sollte sich bei der Bestimmung sehr sicher sein. Denn die Verwechslungsgefahr mit giftigen Doppelgängern ist hoch, etwa mit den Blättern des Maiglöckchens.

Pro Person:
ca. 294 kcal

KRESSE-SÜẞKARTOFFEL-SUPPE MIT WALNÜSSEN

Für 4 Personen
Zubereitung: ca. 25 Min.

400 g Süßkartoffeln
800 ml Gemüsebrühe
100 g Bergkäse (am Stück)
50 g Walnusskerne
2 Kästchen Kresse
200 g Frischkäse (0,2 % Fett)
Salz, Pfeffer aus der Mühle
frisch geriebene Muskatnuss

Pro Person: ca. 323 kcal,
17 g EW, 16 g Fett, 28 g KH,
4 g BS

Die Süßkartoffeln schälen, ggf. waschen, klein schneiden und in einem Topf in der Brühe bei mittlerer Hitze 15 Minuten garen.

Den Käse fein reiben. Die Walnüsse grob hacken und in einer Pfanne kurz rösten.

Die Kresse vom Beet schneiden, in einem Sieb waschen und trocken schütteln. Mit den Nüssen und der Hälfte des Käses mischen.

Frischkäse und restlichen Käse in die Suppe geben und diese mit dem Stabmixer cremig pürieren. Mit Salz, Pfeffer und Muskatnuss würzen. Nochmals schaumig aufmixen und sofort mit der Kresse-Käse-Walnuss-Mischung bestreut servieren.

Apotheken Umschau Kresse kann aus Samen auf einem Bett aus feuchter Watte binnen einer Woche selbst gezogen werden. Dabei die Samen nicht zu dicht aussäen. Zum Ernten die Kresse mit einer Schere sauber von den Samenresten trennen.

Pro Person:
ca. 323 kcal

MAIRÜBCHEN-ERDBEER-CARPACCIO

Für 4 Personen
Zubereitung: ca. 20 Min.

600 g Mairübchen (mit Grün; ersatzweise junge Kohlrabi)
400 g reife, große Erdbeeren
1 kleiner Kopfsalat
2 EL flüssiger Honig
3 EL Balsamico bianco
1 EL Senf
4 EL Olivenöl
Salz, Pfeffer aus der Mühle
1 EL eingelegte grüne Pfefferkörner
100 g Manouri (Schafsmolkenkäse)

Pro Person: ca. 318 kcal, 5 g EW, 24 g Fett, 18 g KH, 6 g BS

Das Grün der Mairübchen entfernen. Eine Handvoll zarte Blätter waschen, trocken schütteln und fein schneiden. Die Rübchen schälen und in dünne Scheiben hobeln.

Erdbeeren waschen, putzen und in Scheiben schneiden. Salat verlesen, waschen und trocken schleudern. Salatblätter mit den Rübchen- und Erdbeerscheiben dachziegelartig auf Tellern anrichten.

Aus Honig, Essig, Senf, Olivenöl, Salz und Pfeffer ein Dressing mixen, mit 2 bis 3 EL Wasser verdünnen. Das Carpaccio damit beträufeln. Mit abgetropften grünen Pfefferkörnern, Mairübchen-Grün und zerbröckeltem Manouri bestreuen.

Apotheken Umschau Wer 200 Gramm Erdbeeren nascht, hat das empfohlene Tagessoll an Vitamin C bereits mehr als erfüllt. Je reifer die Früchte sind und je dunkler ihre rote Farbe, desto mehr des gesunden Stoffes enthalten sie.

Pro Person:
ca. 318 kcal

GRÜNE SALATBOWL MIT CRANBERRYS UND MANOURI

Für 4 Personen
Zubereitung: ca. 20 Min.

400 g Brokkoli
200 g Knackerbsen
(oder Zuckerschoten)
Salz
½ Bund Frühlingszwiebeln
100 g Babyspinat
2 EL Balsamico bianco
1 TL Agavendicksaft
1 TL mittelscharfer Senf
2 EL Olivenöl
Pfeffer aus der Mühle
2 EL helle Sesamsamen
2 EL getrocknete Cranberrys
60 g Manouri (Schafsmolkenkäse)

Pro Person: ca. 204 kcal, 8 g EW, 14 g Fett, 11 g KH, 6 g BS

Brokkoli putzen, waschen und in kleine Röschen teilen. Stiel anderweitig verwenden (siehe Tipp). Die Knackerbsen (bzw. Zuckerschoten) putzen und waschen. Mit den Brokkoliröschen in kochendem Salzwasser 2 bis 3 Minuten blanchieren, eiskalt abschrecken und abtropfen lassen.

Frühlingszwiebeln putzen, waschen und in Ringe schneiden. Spinat verlesen, waschen und trocken schleudern. Aus Essig, Agavendicksaft, Senf, Olivenöl, Salz und Pfeffer ein Salatdressing mixen. Sesam in einer Pfanne ohne Fett anrösten. Cranberrys grob hacken.

Spinat, Brokkoli, Knackerbsen (oder Zuckerschoten) und Frühlingzwiebeln mit dem Dressing mischen. Auf Salatschalen verteilen, mit Sesam und Cranberrys bestreuen und den zerbröckelten Manouri darauf verteilen.

Apotheken Umschau Der nährstoffreiche Brokkolistiel ist viel zu schade für den Kompost: Stattdessen können Sie ihn schälen, je nach Größe in Stücke schneiden und getrennt zu den Röschen blanchieren. Dann abgekühlt einfrieren und zum Beispiel zur Zubereitung von Suppen verwenden.

Pro Person:
ca. 204 kcal

ITALIENISCHER BROTSALAT

Für 4 Personen
Zubereitung: ca. 20 Min.

1 Ciabatta (ital. Weißbrot; ca. 400 g)
3 EL Olivenöl
Salz
1 EL Korianderkörner
175 g gemischter Blattsalat (z.B. Eisberg und Rucola)
240 g Artischockenherzen (aus dem Glas)
75 g marinierte Paprikaschoten (aus dem Glas; in Streifen)
2 EL Balsamico bianco
1 TL Zucker
Pfeffer aus der Mühle
40 g Pecorino (am Stück)

Pro Person: ca. 476 kcal, 13 g EW, 13 g Fett, 75 g KH, 5 g BS

Den Backofengrill auf 250 °C vorheizen. Das Brot in mundgerechte Stücke schneiden. Mit 2 EL Olivenöl, etwas Salz und zerstoßenen Korianderkörnern in einer Schüssel vermischen. Auf einem mit Backpapier belegten Backblech verteilen und unter dem Backofengrill etwa 8 Minuten goldbraun rösten.

Salat verlesen, waschen, trocken schleudern und in mundgerechte Stücke zupfen. Artischocken und Paprika abtropfen lassen, Artischocken vierteln. Alles mit den Brotwürfeln auf Tellern anrichten.

Essig, restliches Olivenöl, Zucker, Salz und Pfeffer zu einem Dressing verrühren und über den Salat träufeln. Brotsalat mit gehobeltem Pecorino servieren.

Apotheken Umschau Salat nicht am Abend essen, weil er bis zum Morgen im Magen gärt? Stimmt nicht. Der Körper verdaut die Blätter genauso gut wie tagsüber.
Allerdings kann Rohkost blähen. Wer ausreichend Fett und Eiweiß – wie hier Olivenöl und Käse – dazu verspeist, mindert den Effekt.

Pro Person:
ca. 476 kcal

ASIA-KARTOFFELSALAT

Für 4 Personen
Zubereitung: ca. 50 Min.

30 g Ingwer
1 Zwiebel
1 Knoblauchzehe
1 kleine rote Chilischote
1 Stange Zitronengras
1 Kaffirlimettenblatt
4 EL Rapsöl
3 EL Sojasauce
5 EL Balsamico bianco
2 EL Zucker
800 g kleine festkochende Kartoffeln
Salz
1 große Stange Lauch (ca. 300 g)
200 g Zuckerschoten
1 Möhre (ca. 150 g)
1 rote Paprikaschote
50 g Sprossen (z.B. Rote-Bete- oder Mungobohnensprossen)
½ Bund Koriandergrün

Pro Person: ca. 395 kcal, 8 g EW, 15 g Fett, 48 g KH, 9 g BS

Ingwer, Zwiebel und Knoblauch schälen. Die Chilischote längs halbieren, entkernen und waschen. Alles in feine Würfel schneiden. Vom Zitronengras den oberen holzigen Teil abschneiden, den unteren Teil halbieren und mit dem Messerrücken flach drücken. Das Limettenblatt am Rand mehrmals einreißen.

In einer Pfanne 2 EL Öl erhitzen und alles darin andünsten. Sojasauce, Essig und Zucker hinzufügen und etwa 10 Minuten einköcheln lassen. Zitronengras und Limettenblatt entfernen.

Inzwischen die Kartoffeln schälen, waschen und halbieren, in Salzwasser bissfest garen. Den Lauch putzen, waschen und in Ringe schneiden. Die Zuckerschoten putzen und waschen. Beides in den letzten Garminuten zu den Kartoffeln geben. In ein Sieb abgießen und etwas abkühlen lassen.

Möhre putzen, schälen und grob raspeln. Paprika längs halbieren, entkernen, waschen und in Streifen schneiden. Sprossen in einem Sieb abbrausen und abtropfen lassen. Koriander waschen, trocken schütteln und die Blättchen abzupfen.

Restliches Öl mit der abgekühlten Ingwermarinade verrühren. Marinade mit Kartoffeln, dem gegarten und dem rohen Gemüse sowie den Sprossen vermischen, Koriander unterheben.

Apotheken Umschau Anders als die meisten anderen Hülsenfrüchte wirken Zuckerschoten nicht blähend und werden auch von Menschen mit empfindlichem Magen und Darm gut vertragen. Sie sind neben Erbsen (und Schoten) die einzigen Hülsenfrüchte, die man roh genießen kann.

Pro Person:
ca. 395 kcal

ZUCCHINI-BRATLINGE MIT KRÄUTERCREME

Für 4 Personen
Zubereitung: ca. 50 Min.

300 g Zucchini
150 g festkochende Kartoffeln
150 ml Gemüsebrühe
150 g Couscous
2 Bund Schnittlauch
2 Bund Petersilie
Salz, Pfeffer aus der Mühle
je 1 TL getrockneter Thymian und Oregano
1 Ei
3 EL Paniermehl
2 EL Rapsöl
1 Bio-Zitrone
200 g Frischkäse (5 % Fett)

Pro Person: ca. 360 kcal, 16 g EW, 10 g Fett, 49 g KH, 5 g BS

Die Zucchini putzen und waschen, die Kartoffeln schälen und waschen. Beides in Würfel schneiden und in wenig Wasser etwa 15 Minuten garen.

Die Brühe aufkochen, den Couscous damit in einer Schale übergießen und 10 Minuten quellen lassen.

Schnittlauch und Petersilie waschen und trocken schütteln. Petersilienblätter abzupfen und fein hacken, Schnittlauch in Röllchen schneiden. Gemüse abgießen und zerdrücken. Mit Salz, Pfeffer, Thymian, Oregano und zwei Dritteln der Kräuter würzen.

Den gequollenen Couscous mit Ei, Paniermehl und dem Gemüsepüree verrühren. Aus der Masse 8 feste Gemüsebratlinge formen, bei Bedarf noch Paniermehl dazugeben.

Die Gemüsebratlinge im Öl bei mittlerer Hitze etwa 20 Minuten braten, dabei nach 10 Minuten wenden.

Zitrone heiß waschen und trocken reiben, die Schale fein abreiben und den Saft auspressen. Restliche Kräuter mit Frischkäse, Zitronenschale und -saft verrühren, mit Salz und Pfeffer würzen. Kräutercreme zu den Zucchini-Bratlingen servieren.

Apotheken Umschau Viele Menschen essen zu viel Salz. Ein einfacher Weg, etwas davon einzusparen, ist das Würzen mit Kräutern.

Pro Person:
ca. 360 kcal

SPINAT-CHAMPIGNONS-OMELETT

Für 4 Personen
Zubereitung: ca. 30 Min.

1 Zwiebel
1 Knoblauchzehe
3 EL Olivenöl
300 g tiefgekühlter Blattspinat
Salz, Pfeffer aus der Mühle
frisch geriebene Muskatnuss
150 g Champignons
2 EL Kräuter-Crème-fraîche (15 % Fett)
6 Eier
100 ml Mineralwasser (kohlensäurehaltig)
3 EL gehackte gemischte Kräuter (frisch oder tiefgekühlt)
40 g würziger Käse (45 % Fett; gerieben)

Pro Person: ca. 353 kcal, 26 g EW, 29 g Fett, 4 g KH, 3 g BS

Den Backofen auf 80 °C vorheizen. Die Zwiebel und den Knoblauch schälen und in feine Würfel schneiden. Beides in einer Pfanne in 1 EL Olivenöl andünsten.

Den Spinat hinzufügen, bei schwacher Hitze etwa 10 Minuten auftauen und heiß werden lassen. Mit Salz, Pfeffer und Muskatnuss würzen.

Die Pilze putzen und in Scheiben schneiden. Zum Spinat geben und 3 bis 4 Minuten mitdünsten. Die Crème fraîche unterrühren und alles mit Salz, Pfeffer und Muskatnuss abschmecken.

Inzwischen die Eier mit dem Mineralwasser in einer Schüssel verquirlen. Die Kräuter unterheben und die Eier mit Salz und Pfeffer würzen.

Mit je einem Viertel des restlichen Olivenöls nacheinander in einer Pfanne jeweils ein Viertel der Eiermasse bei aufgelegtem Deckel 3 bis 4 Minuten zu einem goldgelben Omelett ausbacken. Im Ofen warm stellen, bis alle Omeletts gebacken sind.

Die Omeletts mit dem Spinat-Pilz-Mix und dem geriebenen Käse füllen und zusammengeklappt servieren.

Apotheken Umschau Da der Wasseranteil von Champignons verhältnismäßig hoch ist, liefern sie nur sehr wenige Kalorien – ideal für alle Abnehmwilligen.
Doch Achtung: Das gilt natürlich nicht, wenn die Pilze in Sahnesauce und Co. zubereitet werden.

Pro Person:
ca. 353 kcal

ORANGEN-SPARGEL-PÄCKCHEN

Für 4 Personen
Zubereitung: ca. 45 Min.

1 kg grüner Spargel (möglichst dicke Stangen)
1 kg weißer Spargel
2 Bio-Orangen
4 TL Olivenöl
1 EL Agavendicksaft
Salz, Pfeffer aus der Mühle
4 Ziegenfrischkäsetaler (à ca. 35 g)
800 g Kartoffeln (neue Ernte)
1 Bund Basilikum

Pro Person: ca. 390 kcal, 17 g EW, 13 g Fett, 45 g KH, 11 g BS

Den Backofen auf 200 °C vorheizen. Den Spargel waschen. Grünen Spargel im unteren Drittel, weißen Spargel ganz schälen und die holzigen Enden abschneiden.

Eine Orange heiß waschen, trocken reiben und die Schale fein abreiben. Beide Orangen so schälen, dass auch die weiße Innenhaut entfernt wird. Die Früchte vierteln und in Scheiben schneiden, dabei den Saft auffangen. Orangensaft mit Olivenöl und Agavendicksaft verrühren, mit Salz und Pfeffer würzen.

Spargel in 4 Portionen teilen und jeweils mittig auf einen Bogen Backpapier legen. Orangenmarinade und -scheiben darübergeben. Ziegenfrischkäsetaler waagerecht halbieren, je 2 Hälften auf eine Spargelportion legen und das Backpapier darüber zu einem Päckchen verschließen. Die Spargel-Pakete auf ein Backblech oder in eine Form setzen und auf der mittleren Schiene etwa 30 Minuten backen.

Inzwischen die Kartoffeln waschen, samt Schale im Dämpfeinsatz über kochendem Wasser oder im Schnellkochtopf bissfest garen. Basilikum waschen und trocken schütteln, die Blätter abzupfen, fein schneiden und mit der Orangenschale mischen.

Spargelpäckchen etwas öffnen, die Kartoffeln dazu servieren. Mit dem Orangen-Basilikum-Mix bestreuen.

Apotheken Umschau Wasserreiches Gemüse wie Spargel gart optimal im eigenen Saft – auch zugedeckt in einer beschichteten Pfanne auf dem Herd oder im Ofen-Schmortopf mit Deckel.

Pro Person:
ca. 390 kcal

FRÜHLINGSGEMÜSE-RAGOUT

Für 4 Personen
Zubereitung: ca. 35 Min.

500 g Möhren
750 g weißer Spargel
2 Frühlingszwiebeln
1 EL Rapsöl
400 ml Gemüsebrühe
400 g junger Blattspinat
3 EL Pinienkerne
1 Bund Schnittlauch
1 Bio-Zitrone
100 g Frischkäse (0,2 % Fett)
Salz, Pfeffer aus der Mühle
frisch geriebene Muskatnuss

Pro Person: ca. 159 kcal,
12 g EW, 7 g Fett, 11 g KH,
10 g BS

Die Möhren putzen und schälen, den Spargel waschen, schälen und die holzigen Enden abschneiden. Die Frühlingszwiebeln putzen und waschen. Alles in mundgerechte Stücke schneiden.

Die Frühlingszwiebeln in einem Topf im Öl andünsten und mit der Brühe ablöschen. Möhren und Spargel dazugeben und bei mittlerer Hitze etwa 10 Minuten garen.

Den Spinat verlesen, waschen und trocken schleudern. Pinienkerne in einer Pfanne ohne Fett leicht rösten. Schnittlauch waschen, trocken schütteln und in feine Röllchen schneiden.

Die Zitrone heiß waschen, trocken reiben und die Schale sehr fein abreiben. Den Saft auspressen und mit Frischkäse verrühren, mit Salz, Pfeffer und Muskatnuss kräftig würzen und unter das gegarte Gemüse ziehen. Die Spinatblätter ebenfalls dazugeben und kurz zusammenfallen lassen.

Pinienkerne, Schnittlauch und Zitronenschale mischen und das Frühlingsgemüse-Ragout damit bestreuen.

Apotheken Umschau Spinat ist nicht jedermanns Sache. Doch wenn man Blattspinat gemeinsam mit vielen anderen Zutaten verarbeitet, entwickelt er kaum Eigengeschmack.
Eine gute Möglichkeit, ihn auch Kindern schmackhaft zu machen.

Pro Person:
ca. 159 kcal

BÄRLAUCH-FRISCHKÄSE-TORTE

Für 1 Springform,
26 cm Durchmesser,
8 Stücke
Zubereitung: ca. 50 Min.
plus ca. 4 Std. Kühlzeit

150 g Mehrkorncracker (salzig)
80 g Joghurtbutter (65 % Fett)
6 Blatt weiße Gelatine
2 Bund Bärlauch
500 g Naturjoghurt
200 g Frischkäse (0,2 % Fett)
Salz, Pfeffer aus der Mühle
Saft und abgeriebene Schale
von ½ Bio-Zitrone
100 g Sahne
2 EL rosa Pfefferkörner

Pro Stück: ca.237 kcal,
8 g EW, 16 g Fett, 15 g KH,
1 g BS

Die Springform mit Backpapier auslegen. Cracker im Blitzhacker fein zerkleinern und mit der Butter verkneten. Die Masse als Boden in die Form drücken und kühl stellen.

Die Gelatine in kaltem Wasser einweichen. Den Bärlauch verlesen, waschen und trocken schütteln, grob zerkleinern und mit der Hälfte des Joghurts fein pürieren. Restlichen Joghurt und den Frischkäse mit dem Bärlauchjoghurt verrühren. Mit Salz und Pfeffer würzen und die Creme mit Zitronensaft und -schale abschmecken.

Die Gelatine ausdrücken und in einem kleinen Topf bei mittlerer Hitze auflösen, 3 EL Kräutercreme unterrühren. Dann alles unter die übrige Kräutercreme mischen.

Die Sahne steif schlagen. Sobald die Creme zu gelieren beginnt, die Sahne unterziehen. Auf dem Keksboden verstreichen und im Kühlschrank etwa 4 Stunden fest werden lassen.

Die Bärlauch-Frischkäse-Torte zum Servieren mit Pfefferbeeren garnieren, nach Belieben auf Salat oder frischen Kräutern (im Foto Portulak) anrichten.

Apotheken Umschau Wer keinen Bärlauch bekommt, kann die Torte mit jungen Spinatblättern zubereiten und zusätzlich eine Knoblauchzehe unter die Creme mixen. Diese Kombination ist genauso gesund!

Pro Stück:
ca. 237 kcal

RHABARBER-SPARGEL-RAGOUT MIT ERDBEEREN

Für 4 Personen
Zubereitung: ca. 35 Min.

500 g Rhabarber
400 g grüner Spargel
1 EL Öl
3 EL Zucker
2 EL Zitronensaft
4 EL Vanillezucker
3 EL Balsamico bianco
1 EL Walnussöl
250 g Erdbeeren

Pro Person: ca. 165 kcal, 3 g EW, 6 g Fett, 24 g KH, 6 g BS

Den Rhabarber schälen und in 3 cm lange Stücke schneiden. Spargel waschen, im unteren Drittel schälen und holzige Enden entfernen. Die Stangen ebenfalls in 3 cm lange Stücke teilen.

Die Hälfte des Rhabarbers und den Spargel in einer Pfanne im Öl unter ständigem Schwenken kräftig anbraten. Mit dem Zucker bestreuen und karamellisieren. Mit Zitronensaft ablöschen.

Die restlichen Rhabarberstücke dazugeben und die Mischung bei schwacher Hitze etwa 10 Minuten garen. Vom Herd nehmen.

Vanillezucker, Essig und Walnussöl gut verrühren, über die noch warme Rhabarber-Spargel-Mischung träufeln und 10 Minuten durchziehen lassen.

Die Erdbeeren waschen, putzen, halbieren, unterheben und das Ragout sofort servieren. Dazu passt Vanilleeis.

Apotheken Umschau Rhabarber gehört zu den kalorienärmsten Gemüsesorten überhaupt. Wer kein Fan seines sauren Geschmacks ist, kann diesen durch kalziumreiche Zutaten wie Joghurt oder Quark etwas abmildern.

Pro Person:
ca. 165 kcal

SPARGELFLAN GRÜN-WEIß AUF SAFRAN-KOKOS-SAUCE

Für 4 Personen
Zubereitung: ca. 80 Min.

Für den Flan:
250 g weißer Spargel
250 g grüner Spargel
Salz
50 g Parmesan (am Stück)
1 Bio-Zitrone
100 g Frischkäse (0,2 % Fett)
2 Eier
2 EL Pinienkerne
150 ml Gemüsebrühe
Pfeffer aus der Mühle
100 ml Kokoscreme
½ Döschen Safranpulver (0,05 g)

Außerdem:
4 große Souffléförmchen
Butter für die Förmchen

Pro Person: ca. 209 kcal, 15 g EW, 14 g Fett, 5 g KH, 2 g BS

Für den Flan den Spargel waschen. Weißen Spargel ganz schälen, den grünen Spargel nur im unteren Drittel schälen und die holzigen Enden entfernen. Die Spitzen abschneiden und beiseitelegen. Spargel in Stücke schneiden, getrennt in Salzwasser bissfest garen, den weißen etwa 20 Minuten, den grünen etwa 10 Minuten.

Parmesan fein reiben. Zitrone heiß waschen und trocken reiben, die Schale fein abreiben und den Saft auspressen. Beides mit Frischkäse und Parmesan mischen.

Ein tiefes, mit Wasser gefülltes Backblech auf die mittlere Schiene des Backofens schieben. Den Ofen auf 180 °C vorheizen. Den gegarten weißen und grünen Spargel getrennt voneinander mit je einer Hälfte der Frischkäsemasse und 1 Ei pürieren.

Die Souffléförmchen einfetten, die weiße Spargelmasse darauf verteilen und im Wasserbad im Ofen 10 Minuten garen. Mit der grünen Spargelcreme auffüllen, weitere 25 Minuten garen.

Die Pinienkerne in einer Pfanne ohne Fett goldgelb rösten. Zurückgelegte Spargelspitzen in der Brühe dünsten, mit Salz und Pfeffer würzen und aus dem Sud nehmen. Den Sud mit der Kokoscreme aufkochen, Safran dazugeben und bei mittlerer Hitze zu einer cremigen Sauce einkochen.

Die gegarten Flans kurz abkühlen lassen, vorsichtig aus der Form lösen und auf Teller stürzen. Mit Spargelspitzen, Pinienkernen und der Safran-Kokos-Sauce servieren. Dazu passt Basmatireis.

Apotheken Umschau Grüner Spargel punktet mit mehr Provitamin A und Vitamin C sowie Folsäure als weißer Spragel.

Pro Person:
ca. 209 kcal

SPAGHETTI MIT ORANGEN-SPARGEL UND BASILIKUM

Für 4 Personen
Zubereitung: ca. 30 Min.

750 g grüner Spargel
350 g Spaghetti
Salz
2 EL Olivenöl
1 TL brauner Zucker
Saft und abgeriebene Schale von 1 Bio-Orange
ca. 75 ml Gemüsebrühe (nach Bedarf)
Pfeffer aus der Mühle
½ Bund Basilikum

Pro Person: ca. 395 kcal, 14 g EW, 8 g Fett, 67 g KH, 6 g BS

Den Spargel waschen, im unteren Drittel schälen und holzige Enden entfernen. Spargel in mundgerechte Stücke schneiden.

Die Nudeln nach Packungsanweisung in kochendem Salzwasser bissfest garen.

Inzwischen das Olivenöl in einer Pfanne erhitzen. Zuerst die hinteren Spargelabschnitte bei mittlerer Hitze anbraten. Zucker darüberstreuen. Die Spargelspitzen nach etwa 3 Minuten dazugeben und mitbraten.

Orangensaft und -schale und, falls nötig, etwas Brühe hinzufügen und den Spargel etwa 5 Minuten bissfest dünsten. Mit Salz und Pfeffer würzen.

Basilikum waschen und trocken schütteln, die Blätter abzupfen. Die Nudeln in ein Sieb abgießen und mit dem Orangen-Spargel mischen. In tiefen Tellern mit den Basilikum bestreut anrichten.

Apotheken Umschau Schmeckt auch mit Vollkornnudeln! Sie gelten als gesünder, weil sie mehr Ballaststoffe enthalten und sich deshalb günstig auf das Cholesterin und den Blutzucker auswirken können.

Pro Person:
ca. 395 kcal

MANGOLD-BÄRLAUCH-RISOTTO

Für 4 Personen
Zubereitung: ca. 35 Min.

400 g junger Mangold
1 Bund Bärlauch
1 Zwiebel
3 EL Olivenöl
200 g Risottoreis
50 ml heller Traubensaft
2 EL Apfelessig
ca. 650 ml kräftige Gemüsebrühe
50 g Pinienkerne
Salz, Pfeffer aus der Mühle
40 g Pecorino oder Parmesan (am Stück)

Pro Person: ca. 424 kcal, 10 g EW, 21 g Fett, 44 g KH, 6 g BS

Mangold und Bärlauch waschen und trocken schleudern. Bärlauch sowie Mangoldblätter und -stiele in Streifen schneiden. Die Zwiebel schälen und in feine Würfel schneiden.

Die Zwiebelwürfel in einem Topf im Olivenöl andünsten, Mangoldstiele und den Reis hinzufügen und kurz mitdünsten. Traubensaft, Essig und 100 ml Brühe mischen und hinzufügen. Die Temperatur etwas reduzieren.

Sobald der Reis die Flüssigkeit aufgesogen hat, wieder etwas Brühe dazugeben und umrühren. Diesen Vorgang wiederholen, bis der Reis cremig, aber bissfest ist. Das dauert etwa 25 Minuten. Nach etwa 20 Minuten die Mangoldblätter und den Bärlauch unterziehen.

Die Pinienkerne in einer Pfanne ohne Fett anrösten. Den Mangold-Bärlauch-Risotto mit Salz und Pfeffer abschmecken. Mit Pinienkernen und gehobeltem Käse bestreut servieren.

Apotheken Umschau Grünes Blattgemüse und aromatische Kräuterblätter ziehen im Risottosud nur kurz gar – ideal für die hitzeempfindliche Folsäure und andere B-Vitamine.

Pro Person:
ca. 424 kcal

BUTTERMILCH-BÄRLAUCH-MUFFINS MIT ERBSEN-FETA-SALAT

Für 12 Muffins
Zubereitung: ca. 30 Min. plus ca. 25 Min. Backzeit

Für die Muffins:
100 g tiefgekühlte Erbsen
Öl für das Muffinblech
1 kleines Bund Bärlauch
2 Eier
2 EL Olivenöl
2 EL Tomatenmark
200 g Buttermilch
200 g Weizenvollkornmehl
1 Päckchen Backpulver
½ TL getrockneter Thymian
Salz, Pfeffer aus der Mühle
frisch geriebene Muskatnuss

Für den Salat:
300 g tiefgekühlte Erbsen
Salz
1 Bund Petersilie
4 Tomaten
150 g Feta (Schafskäse)
½ TL Thymian
1 TL Zitronensaft
Pfeffer aus der Mühle
frisch geriebene Muskatnuss

Pro Person (3 Muffins):
ca. 461 kcal, 26 g EW, 18 g Fett, 49 g KH, 12 g BS

Für die Muffins die Erbsen auftauen lassen. Den Backofen auf 200 °C (Ober-/Unterhitze) vorheizen. Die Mulden des Muffinblechs mit Öl einfetten.

Den Bärlauch verlesen, waschen, trocken schütteln und grob hacken. Die Eier trennen und die Eiweiße steif schlagen. Eigelbe, Olivenöl, Tomatenmark und Buttermilch verrühren und mit Bärlauch, Mehl, Backpulver, 100 g Erbsen, Thymian, ½ TL Salz, Pfeffer und Muskatnuss zu einer homogenen Masse vermischen. Den Eischnee vorsichtig unterheben. Die Masse auf die Mulden des Muffinblechs verteilen und im Ofen etwa 25 Minuten goldbraun backen.

Für den Erbsen-Feta-Salat Erbsen in möglichst wenig Salzwasser bissfest garen, abgießen und abkühlen lassen. Petersilie waschen und trocken schütteln, die Blätter abzupfen und fein hacken. Tomaten waschen und ebenso wie den Feta in kleine Würfel schneiden. Mit Petersilie und Thymian zu den lauwarmen Erbsen geben, mit Zitronensaft, Salz, Pfeffer und etwas Muskatnuss würzen. Zu den Muffins servieren.

Apotheken Umschau Tiefkühlerbsen werden nach der Ernte kurz blanchiert und danach schockgefrostet. Das schont Vitamine. Dosenerbsen dagegen werden vor dem Abfüllen gekocht, dadurch sinkt der Gehalt an hitzeempfindlichen Inhaltsstoffen wie Vitamin C.

Pro Person:
ca. 461 kcal

RADIESCHEN-OBAZDA

Für 4 Personen
Zubereitung: ca. 15 Min.

1 Bund Radieschen (ca. 150 g)
2 Frühlingszwiebeln
1 Kästchen Kresse
200 g kräftiger reifer Camembert (Rahmstufe; zimmerwarm)
125 g Frischkäse
Salz, Pfeffer aus der Mühle
Paprikapulver (edelsüß)
4 Vollkorn-Laugenstangen (ersatzweise 4 Scheiben Bauernbrot à ca. 50 g)

Pro Person: ca. 386 kcal, 14 g EW, 24 g Fett, 27 g KH, 2 g BS

Die Radieschen putzen, waschen und in kleine Würfel schneiden. Die Frühlingszwiebeln putzen, waschen und in feine Ringe schneiden. Kresse vom Beet schneiden, in einem Sieb waschen und abtropfen lassen.

Den Camembert grob zerkleinern und mit dem Frischkäse mit einer Gabel zerdrücken.

Radieschen, Frühlingszwiebeln und die Hälfte der Kresse unter die Käsecreme mischen. Mit Salz, Pfeffer und Paprika würzig abschmecken. Mit der restlichen Kresse bestreuen und mit den Laugenstangen servieren.

Apotheken Umschau In Radieschen stecken gesunde Scharfmacher, die Senföle. Sie sollen sogar gegen bestimmte Krebsarten schützen. Auf der anderen Seite sorgen sie bei manchen Menschen für Aufstoßen und Bauchschmerzen.
Den Effekt kann man mildern, indem man die Radieschen kurz in wenig Brühe andünstet.

Pro Person:
ca. 386 kcal

SOMMER

Saisongemüse: Auberginen, Blumenkohl, Champignons, Fenchel, Kopfsalat, Möhren, Rucola, Salatgurken, Staudensellerie, Tomaten, Zucchini

Saisonobst: Himbeeren

GEEISTE BLUMENKOHLSUPPE

Für 4 Personen
Zubereitung: ca. 30 Min. plus 15 Min. Kühlzeit

1 Blumenkohl (ca. 1 kg)
1 Zwiebel
3 EL Olivenöl
1 Msp. gemahlener Kreuzkümmel
700 ml Gemüsebrühe
150 g Kochsahne (15 % Fett)
Salz, Pfeffer aus der Mühle
1 Handvoll Salbeiblätter
Cayennepfeffer
1 EL rosa Pfefferbeeren

Pro Person: ca. 205 kcal, 6 g EW, 15 g Fett, 6 g KH, 5 g BS

Den Blumenkohl putzen, waschen und in Röschen teilen. Die Zwiebel schälen und in feine Würfel schneiden.

In einem Topf 2 EL Olivenöl erhitzen und die Zwiebelwürfel darin andünsten. Die Blumenkohlröschen dazugeben und 3 bis 4 Minuten mitdünsten. Mit Kreuzkümmel würzen. Die Brühe angießen und den Blumenkohl zugedeckt 10 bis 15 Minuten weich garen.

Die Kochsahne hinzufügen, erhitzen und die Suppe mit dem Stabmixer fein pürieren. Mit Salz und Pfeffer kräftig würzen. Abkühlen lassen und etwa 15 Minuten vor dem Servieren ins Tiefkühlfach stellen.

Restliches Olivenöl in einer Pfanne erhitzen und die Salbeiblätter darin knusprig anbraten. Mit Salz und 1 Prise Cayennepfeffer würzen. Die geeiste Blumenkohlsuppe mit Salbei und rosa Pfefferbeeren garniert servieren.

Apotheken Umschau Mit den Faserstoffen im Blumenkohl tut sich unser Darm schwer. Gegen die Folgen wie Blähungen kann das richtige Gewürz helfen: Kreuzkümmel, aber auch Kümmel macht den Kohl bekömmlicher.

Pro Person:
ca. 205 kcal

GRÜNE KOPFSALAT-SUPPE

Für 4 Personen
Zubereitung: ca. 25 Min.

200 g tiefgekühlte Erbsen
1 Bund Frühlingszwiebeln
2 EL Rapsöl
1 l Gemüsebrühe
1 kleine Bio-Zitrone
1 Kopfsalat
2 EL Erdnussmus
Salz, Pfeffer aus der Mühle
frisch geriebene Muskatnuss
½ Bund Schnittlauch
20 g geröstete Erdnusskerne

Pro Person: ca. 213 kcal, 10 g EW, 14 g Fett, 12 g KH, 6 g BS

Die Erbsen antauen lassen. Die Frühlingszwiebeln putzen, waschen und fein hacken. Das Öl in einem Topf erhitzen, Frühlingszwiebeln darin andünsten. Die Erbsen dazugeben und mit der Brühe ablöschen.

Die Zitrone heiß waschen und trocken reiben, die Schale fein abreiben und den Saft auspressen. Den Kopfsalat verlesen, waschen und trocken schleudern. Mit Zitronensaft und Erdnussmus zur Suppe geben. Die Suppe pürieren, mit Salz, Pfeffer und Muskatnuss würzen.

Den Schnittlauch waschen, trocken schütteln und in feine Röllchen schneiden. Die Erdnüsse fein hacken. Die Kopfsalat-Suppe auf tiefe Teller oder Schälchen verteilen und mit Schnittlauch, Erdnüssen und Zitronenschale bestreut servieren.

Apotheken Umschau Erdnüsse sind eine ausgezeichnete Quelle für Resveratrol, das zu den Polyphenolen gehört, und angeblich auch Rotwein so gesund macht. Resveratrol werden Anti-Aging-Effekte zugeschrieben.

FRUCHTIGER SAUERKRAUTSALAT

Für 4 Personen
Zubereitung: ca. 20 Min.

50 g Sonnenblumenkerne
400 g mildes Sauerkraut (pasteurisiert; Konserve)
1 Babyananas (ca. 400 g)
200 g Möhren
2 rotschalige Äpfel (à ca. 150 g)
2 EL Apfelsaft
1 EL Zucker
Salz, Pfeffer aus der Mühle
1 Msp. Zimtpulver
2 EL Sonnenblumenöl
3 EL Rosinen
½ Bund Petersilie

Pro Person: ca. 245 kcal, 6 g EW, 12 g Fett, 27 g KH, 7 g BS

Die Sonnenblumenkerne in einer Pfanne ohne Fett anrösten. Sauerkraut mit der Gabel auseinanderzupfen.

Die Ananas schälen, halbieren und den Strunk entfernen. Die Ananashälften in Stücke schneiden. Die Möhren putzen, schälen und grob raspeln. Die Äpfel waschen, vierteln, entkernen und in dünne Scheiben schneiden.

Apfelsaft, Zucker, Salz, Pfeffer, Zimt und Öl zu einem Dressing mixen. Mit Rosinen, Sonnenblumenkernen und den anderen Salatzutaten mischen. Die Petersilie waschen und trocken schütteln, die Blätter abzupfen, fein hacken und unter den Sauerkrautsalat heben.

APOTHEKEN Umschau Milchsauer vergorenes, also fermentiertes Gemüse wie Sauerkraut ist in der Regel gut verträglich und unterstützt die Verdauung. Der Salat schmeckt auch fein mit frischem (Fass-)Sauerkraut.
Dann bekommt unser Körper auch noch eine Extraportion an darmgesunden Milchsäurebakterien.

MEDITERRANER BUCHWEIZEN-PFANNKUCHEN

Für 4 Personen
Zubereitung: ca. 1 Std.

4 Eier
300 g Buttermilch
200 g saure Sahne
200 g Buchweizenmehl
Salz, Pfeffer aus der Mühle
2 Bund Frühlingszwiebeln
2 Knoblauchzehen
3 Zucchini
400 g Cocktailtomaten
1 Bund Rucola
30 g Parmesan (am Stück)
2 EL Rapsöl

Pro Person: ca. 472 kcal, 20 g EW, 20 g Fett, 50 g KH, 4 g BS

Die Eier in einer Schüssel aufschlagen, mit Buttermilch, saurer Sahne und Buchweizenmehl verquirlen. Mit Salz und Pfeffer würzen und 30 Minuten quellen lassen.

Inzwischen die Frühlingszwiebeln putzen, waschen und in feine Ringe schneiden. Den Knoblauch schälen und in feine Würfel schneiden. Zucchini putzen, waschen und in dünne, kurze Streifen schneiden. Cocktailtomaten waschen und vierteln. Rucola verlesen, waschen und trocken schleudern, grobe Stiele entfernen. Rucola grob schneiden. Parmesan fein reiben.

Den Backofen auf 80 °C vorheizen. Eine große Pfanne mit wenig Öl einpinseln, erhitzen und darin aus einem Viertel des Teigs einen Pfannkuchen backen, dabei einmal wenden. Aus dem restlichen Teig 3 weitere Pfannkuchen backen, dabei jedes Mal die Pfanne vorab mit wenig Öl einpinseln. Pfannkuchen im Ofen warm stellen.

Frühlingszwiebeln, Knoblauch und Zucchini in einer zweiten Pfanne in wenig Öl weich dünsten. Cocktailtomaten und Rucola dazugeben und kurz mitgaren. Mit Salz und Pfeffer würzen.

Buchweizen-Pfannkuchen auf Teller verteilen, mit je einem Viertel der Gemüsemasse belegen und einmal umklappen. Mit geriebenem Parmesan bestreut servieren.

APOTHEKEN Umschau Rucola wird oft nur als Dekoration verwendet. Dabei darf ruhig mehr von den gesunden Blättern auf den Teller. Die enthaltenen Bitterstoffe wirken entzündungshemmend und antibakteriell.
Zudem hat Rucola mehr Vitamin C als etwa Orangen.

Pro Person:
ca. 472 kcal

KICHERERBSEN-QUINOA-BOWL

Für 4 Personen
Zubereitung: ca. 40 Min.

200 g Quinoa tricolore (ersatzweise weiße Quinoa)
450 ml Gemüsebrühe
1 Glas Kichererbsen (220 g Abtropfgewicht)
2 EL Olivenöl
Salz, Pfeffer aus der Mühle
1 TL Currypulver
Cayennepfeffer
200 g Kräutertofu
1 kleine Bio-Salatgurke
2 Handvoll Pflücksalat
1 Avocado
3 EL Sesammus (Tahin)
Saft von ½ Zitrone
4 EL Naturjoghurt
1 Kästchen rote Kresse oder Rettich-Keimlinge
Essbare Blüten (nach Belieben)

Pro Person: ca. 543 kcal, 19 g EW, 27 g Fett, 41 g KH, 11 g BS

Die Quinoa in 400 ml Brühe etwa 15 Minuten köcheln, dann ausquellen lassen. Kichererbsen in einem Sieb abbrausen und mit Küchenpapier trocken tupfen.

Den Backofen auf 180 °C vorheizen. Ein Backblech mit Backpapier belegen. 1 EL Olivenöl mit Salz, Pfeffer, Currypulver und 1 Prise Cayennepfeffer verrühren und mit den Kichererbsen mischen. Kichererbsen auf dem Blech verteilen und im Ofen auf der mittleren Schiene etwa 20 Minuten rösten.

Den Tofu in Würfel schneiden und im restlichen Olivenöl rundum braten. Gurke waschen und in mundgerechte Stücke schneiden. Salat waschen und trocken schütteln. Avocado halbieren und den Stein entfernen, das Fruchtfleisch aus der Schale lösen und in Spalten schneiden.

Sesammus mit restlicher Brühe, Zitronensaft und Joghurt zu einem Dressing verrühren. Salatblätter, Quinoa, Gurke und Avocado nebeneinander in Schüsseln anrichten. Geröstete Kichererbsen und Tofuwürfel daraufgeben, das Sesamdressing darüberträufeln. Die Bowl mit Kresse und nach Belieben mit essbaren Blüten bestreut servieren.

Apotheken Umschau Das Pseudogetreide Quinoa ist reich an Eisen und Magnesium. Außerdem enthält es mehr pflanzliches Eiweiß als jede Getreideart.

Pro Person:
ca. 543 kcal

ZUCCHINI-AUFSTRICH

Für 4 Personen
Zubereitung: ca. 25 Min.

300 g Zucchini
Salz
100 g Zwiebeln
2 Knoblauchzehen
1 EL Olivenöl
1 Bund Petersilie
3 EL Salatcreme (Fertigprodukt)
1 EL Zitronensaft
Cayennepfeffer
½ TL rote Pfefferkörner

Pro Person: ca. 71 kcal,
2 g EW, 5 g Fett, 4 g KH,
1 g BS

Die Zucchini putzen, waschen und sehr fein raspeln. Die Raspel leicht mit Salz würzen und etwa 5 Minuten ruhen lassen.

Zwiebeln und Knoblauch schälen und in feine Würfel schneiden. Das Olivenöl in einer Pfanne erhitzen, Zwiebeln und Knoblauch darin andünsten.

Zucchiniraspel hinzufügen und bei mittlerer Hitze unter häufigem Rühren 10 bis 15 Minuten schmoren, bis die gesamte Flüssigkeit verdampft ist.

Die Petersilie waschen und trocken schütteln, die Blätter abzupfen und fein hacken. Zucchini-Mischung abkühlen lassen und mit der Petersilie und der Salatcreme mischen. Den Aufstrich mit Zitronensaft, Cayennepfeffer, Salz und grob gemörsertem roten Pfeffer pikant würzen. Schmeckt prima auf Vollkornbrot.

Apotheken Umschau Zucchini gehören zu den Low-Carb-Lebensmitteln schlechthin. Das wirkt sich unter anderem positiv auf unseren Blutzucker aus: Aufgrund des niedrigen Kohlenhydratgehalts bleibt dieser nach dem Verzehr von Zucchini relativ stabil.

Pro Person:
ca. 71 kcal

GEFÜLLTE RIESENCHAMPIGNONS

Für 4 Personen
Zubereitung: ca. 35 Min.

Öl für die Form
50 g Rucola
3 Tomaten
125 g Mozzarella
1 EL Olivenöl
1 TL getrockneter Oregano
Salz, Pfeffer aus der Mühle
Paprikapulver (edelsüß)
8 Riesenchampignons
50 g Parmesan (am Stück)

Pro Person: ca. 172 kcal, 13 g EW, 13 g Fett, 2 g KH, 2 g BS

Den Backofen auf 180 °C vorheizen. Eine Auflaufform mit wenig Öl einpinseln.

Den Rucola verlesen, waschen und trocken schleudern, grobe Stiele entfernen. Tomaten waschen, vierteln und den Stielansatz entfernen. Rucola und Tomaten ebenso wie den Mozzarella fein hacken. Das Olivenöl und den Oregano unterrühren. Mit Salz, Pfeffer und Paprikapulver würzen.

Die Champignons putzen, trocken abreiben und die Stiele heraustrennen. Die Rucola-Tomaten-Masse fest in die Champignons füllen und die Pilze in die Form setzen.

Den Parmesan fein reiben, auf die gefüllten Pilze geben und diese im Ofen auf der mittleren Schiene etwa 15 Minuten überbacken.

APOTHEKEN Umschau Die gefüllten Pilze lassen sich auch gut auf dem Grill zubereiten. Achten Sie darauf, die Pilze am Rande des Grills zu braten (indirekte Hitze), damit sie nicht verbrennen. So sind sie in etwa 15 Minuten fertig.

Pro Person:
ca. 172 kcal

GRÜNE GEMÜSESUPPE MIT SPINAT-PFANNKUCHEN

Für 4 Personen
Zubereitung: ca. 40 Min.

200 g junger Blattspinat
1 l Gemüsebrühe
2 Eier
100 g Mehl
100 ml Milch
Salz, Pfeffer aus der Mühle
frisch geriebene Muskatnuss
1 Zucchini
1 große Zwiebel
1 Knoblauchzehe
2 EL Rapsöl
100 g Mais (aus der Dose)
50 g Parmesan (am Stück)

Pro Person: ca. 237 kcal, 15 g EW, 9 g Fett, 24 g KH, 4 g BS

Den Spinat verlesen, waschen und grob zerkleinern. In der Brühe möglichst fein pürieren. Durch ein Sieb gießen und die Brühe in einem zweiten Topf auffangen.

Den Spinat im Sieb kräftig ausdrücken und abtropfen lassen. Mit Eiern, Mehl und Milch zu einem Teig verrühren. Mit Salz, Pfeffer und Muskatnuss würzen.

Die Zucchini putzen, waschen und in kleine Würfel schneiden. Die Zwiebel und den Knoblauch schälen und in feine Würfel schneiden. Mit den Zucchiniwürfeln in 1 EL Öl andünsten und in die Spinatbrühe geben.

Aus dem Teig im restlichen Öl etwa 4 dünne Pfannkuchen backen. Diese in dünne, kurze Streifen schneiden und mit dem Mais in die Spinatbrühe geben.

Den Parmesan fein reiben. Die Gemüsesuppe mit Salz, Pfeffer und Muskatnuss würzen und mit Parmesan bestreut servieren.

Apotheken Umschau Spinat übrig? Verwenden Sie ihn für einen gesunden Smoothie. Den Spinat mit Obst (etwa einer Banane) pürieren und mit Wasser aufgießen.

Pro Person:
ca. 237 kcal

MEDITERRANE TOMATENSUPPE MIT PESTO

Für 4 Personen
Zubereitung: ca. 25 Min.

2 Knoblauchzehen
800 g Cocktailtomaten
4 rote Paprikaschoten
1 kleine Fenchelknolle
je ½ TL Thymian- und Oreganoblätter sowie Rosmarinnadeln
Salz, Pfeffer aus der Mühle
Currypulver
Chilipulver
Zucker
30 g Parmesan (am Stück)
1 Bund Basilikum
1 EL Pinienkerne
1 TL Zitronensaft
2 EL Olivenöl

Pro Person: ca. 163 kcal, 8 g EW, 9 g Fett, 11 g KH, 10 g BS

Den Knoblauch schälen und in feine Würfel schneiden. Tomaten waschen, Paprika längs halbieren, entkernen und waschen, Fenchel putzen und waschen. Alles in grobe Stücke schneiden. Die Hälfte des Knoblauchs und des Fenchels beiseitelegen.

Den restlichen Knoblauch und das Gemüse mit den Kräuterblättern und -nadeln fein pürieren. Mit Salz, Pfeffer, etwas Currypulver, wenig Chilipulver und Zucker würzen und ziehen lassen.

Parmesan fein reiben. Basilikum waschen und trocken schütteln, die Blätter abzupfen. Einige Basilikumblätter zurückbehalten, übrige Blätter mit restlichem Knoblauch, Pinienkernen, Zitronensaft, Olivenöl und Parmesan im Mixer zu einem Pesto pürieren. Mit Pfeffer und wenig Salz würzen.

Den restlichen Fenchel fein hacken. Die Tomatensuppe in tiefen Tellern oder Schälchen anrichten und mit Pesto, Fenchel und übrigem Basilikum servieren.

> Apotheken Umschau Paprikaschoten sind generell wahre Vitamin-C-Bomben. Doch die roten Exemplare enthalten noch mehr davon als grüne und gelbe Schoten.

Pro Person:
ca. 163 kcal

BUNTE GEMÜSE-FRIKADELLEN

Für 4 Personen
Zubereitung: ca. 35 Min.

100 g feine Haferflocken
60 g Mais (aus der Dose)
1 rote Paprikaschote
2 Bund Schnittlauch
200 g Magerquark
4 Eier
100 g Feta (Schafskäse)
1 EL mittelscharfer Senf
Salz, Pfeffer aus der Mühle
frisch geriebene Muskatnuss
2 EL Rapsöl

Pro Person: ca. 346 kcal, 23 g EW, 19 g Fett, 21 g KH, 3 g BS

Die Haferflocken unter Rühren in einer großen Pfanne rösten. Mais in einem Sieb abtropfen lassen. Paprika längs halbieren, entkernen, waschen und in feine Würfel schneiden. Den Schnittlauch waschen, trocken schütteln und in feine Röllchen schneiden.

Alles mit Quark, Eiern, zerbröckeltem Feta und Senf mischen. Mit Salz, Pfeffer und Muskatnuss kräftig würzen. Aus der Masse mit angefeuchteten Händen Frikadellen formen.

Das Öl in einer großen Pfanne erhitzen und die Gemüse-Frikadellen darin bei schwacher bis mittlerer Hitze etwa 20 Minuten goldbraun braten, dabei nach 10 Minuten vorsichtig wenden. Warm oder kalt servieren. Dazu passt ein bunter Blattsalat.

Apotheken Umschau Die Ballaststoffe in den Haferflocken verzögern die Nährstoffaufnahme ins Blut, der Blutzuckerspiegel steigt deshalb langsamer.

ERFRISCHENDE ROTE-BETE-SUPPE

Für 4 Personen
Zubereitung: ca. 15 Min.

500 g Rote Beten (gekocht, vakuumiert)
100 g Gewürzgurken
¼ l Gemüsebrühe
300 g Buttermilch
200 g Schmand
Salz, Pfeffer aus Mühle
2 Eier
1 Bund Petersilie
30 g Walnusskerne

Pro Person: ca. 238 kcal, 10 g EW, 16 g Fett, 13 g KH, 3 g BS

Rote Beten und Gewürzgurken grob zerkleinern. Mit der Brühe, der Buttermilch und der Hälfte des Schmands mit dem Stabmixer fein pürieren. Mit Salz und Pfeffer würzen und kühl stellen.

Eier etwa 8 Minuten hart kochen. Petersilie waschen und trocken schütteln, Blätter abzupfen und sehr fein hacken. Walnüsse ebenfalls sehr fein hacken. Eier abgießen, kalt abschrecken, pellen und vierteln.

Die Rote-Bete-Suppe auf tiefe Teller verteilen und mit restlichem Schmand, Eiern, Petersilie und Walnüssen garniert servieren.

Apotheken Umschau Buttermilch ist kalorienarm, enthält hochwertiges Milcheiweiß – und außerdem fast ebenso viel Kalzium wie die viel kalorienreichere normale Milch.

RUCOLA MIT GEBRATENEN AUSTERNPILZEN

Für 4 Personen
Zubereitung: ca. 30 Min.

125 g Rucolasalat
4 große Radicchioblätter
2 Frühlingszwiebeln
50 g Pinienkerne
500 g Austernpilze
2 Knoblauchzehen
4 EL Olivenöl
Salz, Pfeffer aus Mühle
2 EL dunkle Crema di Balsamico
1 EL Preiselbeeren (aus dem Glas)
1 TL mittelscharfer Senf

Pro Person: ca. 264 kcal, 7 g EW, 18 g Fett, 11 g KH, 8 g BS

Den Rucola verlesen, waschen und trocken schleudern, grobe Stiele entfernen. Radicchio waschen, trocken tupfen und in mundgerechte Stücke zupfen. Frühlingszwiebeln putzen, waschen und in feine Ringe schneiden. Alles auf 4 Tellern anrichten.

Pinienkerne in einer Pfanne ohne Fett anrösten. Austernpilze putzen, trocken abreiben und je nach Größe eventuell halbieren.

Knoblauch schälen und in feine Würfel schneiden. Die Hälfte davon in 1 EL Olivenöl andünsten. Die Hälfte der Pilze hinzufügen und auf beiden Seiten 3 bis 5 Minuten braten. Mit Salz und Pfeffer würzen. Mit dem übrigen Knoblauch und den restlichen Pilzen ebenso verfahren.

Pilze auf dem Salat anrichten und Pinienkerne darüberstreuen. Aus dem restlichen Olivenöl, Crema di Balsamico, Preiselbeeren, Salz, Pfeffer, Senf und 2 bis 3 EL Wasser ein Dressing mixen und über den Salat träufeln.

Apotheken Umschau Austernpilze enthalten eine beachtliche Portion an Proteinen und sind somit ideal, um das tägliche Eiweißsoll zu erreichen.

Pro Person:
ca. 264 kcal

OFENGEMÜSE-SALAT

Für 4 Personen
Zubereitung: ca. 45 Min.

500 g Auberginen
400 g Fleischtomaten
1 rote Paprikaschote
1 Zwiebel
1 Knoblauchzehe
2 Zweige Pfefferminze
Saft von ½ Zitrone
1 EL Olivenöl
Salz, Pfeffer aus der Mühle
500 g Fladenbrot

Pro Person: ca. 368 kcal, 11 g EW, 6 g Fett, 9 g KH, 5 g BS

Den Backofen auf 220 °C (Ober-/Unterhitze) vorheizen. Ein Backblech mit Backpapier belegen.

Das Gemüse waschen. Bei den Auberginen den Stielansatz und das Ende abschneiden, bei den Tomaten mit einem spitzen Messer den Stielansatz entfernen. Paprika längs halbieren und entkernen.

Das Gemüse auf dem Blech ausbreiten und im Ofen auf der mittleren Schiene etwa 20 Minuten garen. Tomaten und Paprika herausnehmen, Auberginen weitere 10 Minuten im Ofen garen.

Gemüse etwas abkühlen lassen, jeweils die Haut abziehen und das Fruchtfleisch grob zerteilen.

Zwiebel und Knoblauch schälen und in feine Würfel schneiden. Pfefferminze waschen und trocken tupfen, die Blätter abzupfen und fein hacken. Zwiebel, Knoblauch und Minze mit dem Zitronensaft und dem Olivenöl verrühren und unter das Gemüse mischen. Mit Salz und Pfeffer würzen.

Fladenbrot nach Belieben kurz im Ofen aufbacken, in Achtel schneiden und zum Ofengemüse-Salat reichen.

Apotheken Umschau Garen auf dem Ofenblech schont wasserlösliche Nährstoffe. Auf diese Weise lassen sich auch Möhren, Zucchini oder Kürbis zubereiten.

Pro Person:
ca. 368 kcal

TOMATEN-TABOULÉ MIT ZITRONENDRESSING

Für 4 Personen
Zubereitung: ca. 20 Min.

400 ml Gemüsebrühe
150 g Couscous
4 große Tomaten
2 Frühlingszwiebeln
12 schwarze Oliven (ohne Stein)
1 großes Bund Petersilie
1 Bund Minze
2 EL Zitronensaft
2 EL Olivenöl
Salz, Pfeffer aus der Mühle

Pro Person: ca. 257 kcal, 7 g EW, 10 g Fett, 34 g KH, 4 g BS

In einem Topf 350 ml Brühe aufkochen. Den Couscous damit in einer Schale übergießen und 10 Minuten quellen lassen.

Die Tomaten waschen, halbieren und die Stielansätze entfernen. Tomaten in große Würfel schneiden. Frühlingszwiebeln putzen, waschen und in feine Ringe schneiden. Oliven hacken.

Petersilie und Minze waschen und trocken schütteln, die Blätter abzupfen und fein hacken. Mit Tomaten, Frühlingszwiebeln und Oliven in einer Schüssel mischen. Gequollenen Couscous unterheben.

Restliche Brühe, Zitronensaft und Olivenöl verrühren, mit Salz und Pfeffer kräftig würzen und über das Taboulé geben.

APOTHEKEN Umschau Nur wenige andere Lebensmittel können es beim Vitamin-C-Gehalt mit Petersilie aufnehmen. Wer nur ab und zu etwas davon übers Essen streut, hat davon allerdings nicht allzu viel. Mehr bringt es, größere Mengen frischer Petersilie – wie hier – auch mal unter Salat zu mischen oder ein Pesto daraus zu machen.

Pro Person:
ca. 257 kcal

MÖHREN-MANGO-SALAT

Für 4 Personen
Zubereitung: ca. 20 Min.
plus 15 Min. zum Durchziehen

250 g Möhren
2 rote Zwiebeln
1 große Mango
1 Bio-Salatgurke
½ TL mildes Currypulver
1 EL Balsamico bianco
1 EL Olivenöl
1 TL süßer Senf
Salz, Pfeffer aus Mühle

Pro Person: ca. 113 kcal,
2 g EW, 4 g Fett, 17 g KH, 5 g BS

Die Möhren putzen, schälen und grob raspeln. Die Zwiebeln schälen und in feine Würfel schneiden. Die Mango schälen, das Fruchtfleisch zuerst vom Stein und dann in kleine Stücke schneiden.

Die Gurke waschen, längs vierteln und klein schneiden. Mit Möhren, Zwiebeln und Mango mischen. Aus Currypulver, Essig, Olivenöl und Senf ein Dressing mixen. Unter den Salat mischen und mit Salz und Pfeffer würzen.

Möhren-Mango-Salat vor dem Servieren 15 Minuten durchziehen lassen.

Apotheken Umschau Salatgurken sollte man gründlich mit warmem Wasser waschen, aber nicht schälen:
Die wenigen ernährungsphysiologisch relevanten Inhaltsstoffe sitzen überwiegend in der Schale.

MÖHREN-COUSCOUS MIT PETERSILIE UND PAPRIKA

Für 4 Personen
Zubereitung: ca.20 Min.

1 große Möhre
400 ml Gemüsebrühe
200 g Couscous
1 große rote Paprikaschote
2 Bund Petersilie
einige Stiele Minze
10 schwarze Oliven (ohne Stein)
3 EL Zitronensaft
1 EL Olivenöl
Salz, Pfeffer aus der Mühle

Pro Person: ca. 305 kcal, 9 g EW, 10 g Fett, 44 g KH, 7 g BS

Die Möhre putzen, schälen und in sehr kleine Würfel schneiden. In einem Topf in der Brühe aufkochen lassen. Den Couscous in einer Schale mit der kochenden Brühe übergießen. Etwa 15 Minuten quellen lassen.

Die Paprika längs halbieren, entkernen, waschen und in kleine Würfel schneiden. Petersilie und Minze waschen und trocken schütteln, Blätter abzupfen und fein hacken.

Oliven halbieren, mit den Kräutern, Zitronensaft und Olivenöl mischen und mit den Paprikawürfeln unter den Couscous mischen. Den Möhren-Couscous mit Salz und Pfeffer kräftig würzen.

Apotheken Umschau Hierzulande wird in der Regel Couscous aus Hartweizen angeboten. Doch in Reformhäusern oder Bioläden sind manchmal auch andere Varianten aus Hirse, Dinkel oder Gerste erhältlich.

ORANGEN-FENCHEL-SALAT MIT MOZZARELLA

Für 4 Personen
Zubereitung: ca. 25 Min.

2 Frühlingszwiebeln
3 Orangen (davon 1 Bio)
600 g Fenchel (mit Grün)
1 TL mittelscharfer Senf
1 TL Agavendicksaft
2 EL Olivenöl
Salz, Pfeffer aus der Mühle
1–2 Prisen Anispulver (nach Belieben)
250 g Mini-Mozzarellakugeln (8,5 % Fett)

Pro Person: ca. 186 kcal, 13 g EW, 11 g Fett, 8 g KH, 3 g BS

Die Frühlingszwiebeln putzen, waschen und in feine Ringe schneiden. Die Bio-Orange heiß waschen und trocken reiben, von ½ Orange die Schale fein abreiben. Alle Früchte so schälen, dass auch die weiße Innenhaut mit entfernt wird. Die Filets zwischen den Trennhäuten herauslösen (ergibt etwa 160 g), dabei den Saft auffangen.

Fenchel putzen, waschen und in Streifen schneiden, dabei den Strunk entfernen.

Orangensaft mit Orangenschale, Senf, Agavendicksaft, Olivenöl, Salz und Pfeffer zu einem Dressing verrühren. Nach Belieben mit Anis würzen.

Frühlingszwiebeln, Orangenfilets, Fenchelstreifen und Mozzarellakugeln mit dem Dressing verrühren und den Salat auf Tellern anrichten. Nach Belieben mit Fenchelgrün bestreut servieren.

Apotheken Umschau Mozzarella hat reichlich Kalzium zu bieten, das unter anderem für starke Knochen sorgt. Das macht ihn zum perfekten Lebensmittel, gerade auch für Frauen, die im höheren Alter ein erhöhtes Risiko haben, an Osteoporose zu erkranken.

Pro Person:
ca. 186 kcal

GEGRILLTE AUBERGINENRÖLLCHEN

Für 4 Personen
Zubereitung: ca. 35 Min.

20 kleine Holzspieße
2 mittelgroße Auberginen
5 Stiele Minze
200 g süße Pflaumen
(z.B. Renekloden)
5 getrocknete Tomaten (in Öl)
30 g kandierter Ingwer
200 g Feta (Schafskäse)
Salz, Pfeffer aus der Mühle
2 EL Olivenöl

Pro Person: ca. 330 kcal,
13 g EW, 20 g Fett, 25 g KH,
9 g BS

Die Holzspießchen in Wasser einlegen. Den Grill vorheizen. Die Auberginen putzen, waschen und längs in insgesamt etwa 20 sehr dünne Scheiben schneiden.

Die Minze waschen und trocken schütteln, die Blätter abzupfen und fein hacken. Pflaumen waschen, halbieren und entsteinen. Pflaumen, getrocknete Tomaten, Ingwer und Feta fein hacken, mischen und mit Salz und Pfeffer würzen.

Die Auberginenscheiben trocken tupfen, mit Olivenöl bepinseln und die Masse dünn daraufstreichen.
Die Auberginenscheiben gut aufrollen und mit den gewässerten Holzspießen feststecken.

Die Röllchen auf dem Grill etwa 15 Minuten rundum grillen, bis sie leicht braun werden und das typische Grillmuster haben.

Apotheken Umschau Die Auberginenröllchen können auch im Backofen zubereitet werden, das ist eine ebenso kalorienarme Zubereitung wie das Grillen. So spart man sich das Fett beim Braten, hat dank der Röstaromen aber dennoch ein schmackhaftes Essen.

Pro Person:
ca. 330 kcal

TORTILLA MIT RUCOLA UND ZIEGENKÄSE

Für 4 Personen
Zubereitung: ca. 25 Min. plus ca. 35 Minuten Backzeit

700 g festkochende Kartoffeln
Salz
Fett für die Form
6 Eier
75 g leichte Kräuter-Crème-fraîche (19 % Fett)
Pfeffer aus der Mühle
1 großes Bund Rucola
50 g Soft-Tomaten (getrocknet, aus der Tüte)
80 g Ziegenweichkäse (Rolle)

Pro Person: ca. 368 kcal, 19 g EW, 16 g Fett, 33 g KH, 7 g BS

Die Kartoffeln waschen und in der Schale in Salzwasser bissfest garen. Backofen auf 180 °C vorheizen. Eine runde Auflauf- oder Gratinform einfetten.

Kartoffeln abgießen, ausdampfen lassen, pellen, in Scheiben schneiden und in der Form verteilen.

Eier und Crème fraîche verquirlen, mit Salz und Pfeffer würzen. Rucola verlesen, waschen und trocken schleudern, grobe Stiele entfernen. Einige Blätter für die Garnitur zurückbehalten, den Rest mit den Soft-Tomaten in Streifen schneiden. Auf den Kartoffeln verteilen, den Eierguss darübergeben.

Ziegenrolle in Scheiben schneiden und darauf verteilen. Die Tortilla im Ofen auf der mittleren Schiene etwa 35 Minuten backen. Mit Rucola bestreuen. Die Tortilla schmeckt sowohl warm als auch abgekühlt.

Apotheken Umschau Ein optimales Sportler-Essen: Die Kombination aus Kartoffeln und Ei hat eine hohe biologische Wertigkeit, d.h. sie liefert dem Körper einen besonders hochwertigen Eiweißmix.

Pro Person:
ca. 368 kcal

AMARANT-BRATLINGE MIT MÖHRENSALAT

Für 4 Personen
Zubereitung: ca. 40 Min.

150 g Amarant
¼ l Gemüsebrühe
5 Möhren
100 g Magerquark
1 Ei
½ TL frisch geriebene Muskatnuss
1 EL Currypulver
Salz, Pfeffer aus der Mühle
Paniermehl
1 EL Rapsöl
1 Bund Schnittlauch
1 Apfel
1 EL Zitronensaft
2 EL Apfelsaft
1 EL Honig
1 TL Walnussöl

Pro Person: ca. 310 kcal, 14 g EW, 9 g Fett, 43 g KH, 11 g BS

Den Amarant in einer großen Pfanne bei mittlerer Hitze unter Rühren erwärmen, bis die Körner aufspringen. Mit der Brühe ablöschen.

Die Möhren putzen, schälen und fein raspeln. Etwa 100 g Möhrenraspel mit Amarant, Quark und Ei mischen. Mit Muskatnuss, Currypulver, Salz und Pfeffer würzen. So viel Paniermehl dazugeben, dass eine formbare Masse entsteht. Daraus 4 große Bratlinge formen.

Das Rapsöl in einer Pfanne erhitzen und die Amarant-Bratlinge darin auf beiden Seiten je etwa 5 Minuten goldgelb braten.

Schnittlauch waschen, trocken schütteln und in Röllchen schneiden. Apfel waschen, vierteln und entkernen, Apfelviertel fein reiben.

Schnittlauch und Apfelraspel mit restlichen Möhrenraspeln, Zitronen- und Apfelsaft, Honig und Walnussöl mischen. Möhrensalat mit Salz und Pfeffer würzen. Salat zu den Bratlingen servieren.

> Apotheken Umschau Amarant ist ein sogenanntes Pseudogetreide und damit gänzlich glutenfrei. Super also für alle mit einer entsprechenden Unverträglichkeit.

Pro Person:
ca. 310 kcal

COUSCOUS-SALAT MIT JOGHURTDIP

Für 4 Personen
Zubereitung: ca. 25 Min.

Für den Salat:
200 g Couscous
1 große Gemüsezwiebel
400 ml Gemüsebrühe
1 gelbe Paprikaschote
200 g Kichererbsen (aus der Dose)
50 g getrocknete Tomaten
2 EL Zitronensaft
4 EL Olivenöl
gemahlener Kreuzkümmel
Salz, Pfeffer aus der Mühle
Zimtpulver

Für den Dip:
½ Bund Schnittlauch
1 Kästchen Kresse
1 EL Zitronensaft
400 g Naturjoghurt (1,5 % Fett)
gemahlener Kreuzkümmel
Salz, Pfeffer aus der Mühle
Paprikapulver (edelsüß)

Pro Person: ca. 435 kcal, 17 g EW, 13 g Fett, 62 g KH, 11 g BS

Für den Salat den Couscous in eine Schüssel geben. Zwiebel schälen, in Würfel schneiden und dazugeben. Die Brühe aufkochen, Couscous damit übergießen und etwa 15 Minuten quellen lassen.

Die Paprika längs halbieren, entkernen, waschen und in kleine Würfel schneiden. Kichererbsen in einem Sieb abtropfen lassen. Getrocknete Tomaten klein hacken und mit Paprikastücken und Kichererbsen unter den gequollenen Couscous heben.

Den Gemüse-Couscous mit dem Zitronensaft und dem Olivenöl mischen und mit Kreuzkümmel, etwas Salz, Pfeffer und wenig Zimt kräftig würzen.

Für den Dip Schnittlauch waschen, trocken schütteln und in feine Röllchen schneiden. Die Kresse vom Beet schneiden, waschen und abtropfen lassen. Beides mit dem Zitronensaft unter den Joghurt rühren. Mit Kreuzkümmel, Salz, Pfeffer und Paprikapulver würzen. Joghurtdip zum Salat servieren.

Apotheken Umschau Hülsenfrüchte wie Kichererbsen gehören zu den wichtigsten Lebensmitteln der vegetarischen Küche. Sie liefern unter anderem hochwertiges Eiweiß, Eisen und Zink.

Pro Person:
ca. 435 kcal

GEMÜSE-LINGUINE MIT HIMBEEREN

Für 4 Personen
Zubereitung: ca. 35 Min.

1 kleiner Romanesco (ca. 400 g; ersatzweise Brokkoli)
2 Fenchelknollen (mit Grün)
1 Zwiebel
3 EL Olivenöl
1 EL Agavendicksaft
1 Bio-Zitrone
Salz, Pfeffer aus der Mühle
320 g Linguine (oder Bavette; schmale Bandnudeln)
100 g Ricotta
175 g Himbeeren
frisch geriebene Muskatnuss

Pro Person: ca. 473 kcal, 15 g EW, 14 g Fett, 70 g KH, 8 g BS

Den Romanesco putzen, waschen und in Röschen teilen. Fenchel waschen, halbieren und den Strunk herausschneiden. Das Fenchelgrün fein schneiden und beiseitestellen. Fenchel in Streifen schneiden. Die Zwiebel schälen und in feine Würfel schneiden.

Das Olivenöl in einer Pfanne erhitzen, Zwiebel und Fenchel darin 3 Minuten andünsten. Den Agavendicksaft darüberträufeln, Romanesco-Röschen hinzufügen und das Gemüse zugedeckt bei mittlerer Hitze etwa 8 Minuten im eigenen Saft garen. Damit nichts anbrennt, eventuell etwas Wasser dazugeben.

Die Zitrone heiß waschen und trocken reiben, die Schale fein abreiben und den Saft auspressen. Das Gemüse mit Zitronensaft, Salz und Pfeffer würzen.

Nudeln nach Packungsanweisung in kochendem Salzwasser bissfest garen. Abgießen, mit dem Gemüse, dem Ricotta und den Himbeeren vorsichtig mischen, mit Muskatnuss würzen und mit Fenchelgrün bestreut anrichten.

APOTHEKEN Umschau Himbeeren sind auch ein idealer Snack für den Hunger zwischendurch: Sie sind kalorienarm, reich an Nährstoffen und unterstützen mit ihren Ballaststoffen eine gesunde Vielfalt von Bakterien im Darm.

Pro Person:
ca. 473 kcal

NUDELSALAT GRÜN-WEIß-ROT

Für 4 Personen
Zubereitung: ca. 30 Min.

1 kleiner Blumenkohl (ca. 400 g)
400 g Romanesco (oder Brokkoli)
350 g kurze Hartweizennudeln (z.B. Spirelli)
Salz
50 g getrocknete Tomaten (in Öl)
½ Bund Frühlingszwiebeln
4 kleine Strauchtomaten
40 g Salzmandeln
2 EL Kräuter-Olivenöl
2 EL Balsamico bianco
Pfeffer aus der Mühle
1 Msp. Cayennepfeffer

Pro Person: ca. 496 kcal, 20 g EW,16 g Fett, 66 g KH, 10 g BS

Den Blumenkohl und den Romanesco putzen, waschen und in Röschen teilen.

Nudeln nach Packungsanweisung in kochendem Salzwasser garen, dabei etwa 4 Minuten vor Ende der Kochzeit die Kohlröschen dazugeben und bissfest mitgaren. In ein Sieb abgießen und kalt abschrecken.

Getrocknete Tomaten in Streifen schneiden. Frühlingszwiebeln putzen, waschen und in feine Ringe schneiden. Strauchtomaten waschen und vierteln, dabei die Stielansätze entfernen. Salzmandeln grob hacken.

Alles mit Nudeln und Gemüse mischen. Aus Kräuter-Olivenöl, Essig, Salz, Pfeffer und Cayennepfeffer eine Marinade mischen und unter den Salat heben.

Apotheken Umschau Das Abschrecken des Gemüses mit kaltem Wasser nach dem Garen ist nährstoffschonend. Zudem bleibt grünes Gemüse grüner, weil das enthaltene Chlorophyll nicht zerstört wird.

Pro Person:
ca. 496 kcal

FENCHEL-PAPRIKA-GRATIN

Für 4 Personen
Zubereitung: ca. 65 Min.

4 kleine Fenchelknollen (mit Grün)
1 kleine Bio-Zitrone
1 grüne und 1 rote Paprikaschote
Salz
Pfeffer aus der Mühle
1 Bund Petersilie
1 kleine Zwiebel
150 g Feta (Schafskäse)
4 EL Paniermehl
150 g Basmatireis
3 EL Mandelblättchen

Pro Person: ca. 373 kcal, 17 g EW, 14 g Fett, 45 g KH, 13 g BS

Die Fenchel putzen, waschen und längs halbieren. Grün beiseitelegen. Harten Keil herausschneiden und in kleine Würfel schneiden. Die Zitrone heiß waschen, trocken reiben, die Schale fein abreiben und den Saft auspressen. Fenchelhälften in Wasser und Zitronensaft 20 Minuten garen.

Den Backofen auf 180 °C (Ober-/Unterhitze) vorheizen. Die Paprika längs halbieren, entkernen, waschen und in kleine Würfel schneiden. Gegarte Fenchelhälften in einem Sieb abtropfen lassen, dabei den Sud aufheben.

Fenchelhälften in eine Auflaufform legen, Paprika- und Fenchelwürfel daraufgeben, mit 150 ml Fenchelsud beträufeln und mit Salz und Pfeffer würzen.

Petersilie waschen und trocken schütteln, die Blätter abzupfen und ebenso wie das Fenchelgrün sehr fein hacken. Zwiebel schälen und in feine Würfel schneiden.

Feta grob zerbröseln und mit Zwiebel, Kräutern, geriebener Zitronenschale und Paniermehl mischen. Auf das Gemüse geben und dieses im Ofen auf der mittleren Schiene etwa 30 Minuten backen.

Inzwischen den Reis in Salzwasser aufkochen und bei mittlerer Hitze etwa 12 Minuten ausquellen lassen. Mandeln in einer Pfanne ohne Fett leicht anrösten und unter den Reis mischen. Zum Fenchel-Paprika-Gratin servieren.

Apotheken Umschau Das ätherische Öl des Fenchels ist der Grund für seinen intensiven Anisgeschmack. Die Inhaltsstoffe haben eine positive Wirkung bei bestimmten Magen-Darm-Beschwerden wie Blähungen. Das Gemüse gilt daher auch als Heilpflanze.

Pro Person:
ca. 373 kcal

OLIVEN-POLENTA MIT OFENTOMATEN

Für 4 Personen
Zubereitung: ca. 50 Min.

10 g getrocknete Pilze
1 Zwiebel
1 Knoblauchzehe
4 EL Olivenöl
½ l kräftige Gemüsebrühe
1 Msp. Cayennepfeffer
200 g Polenta (Maisgrieß)
100 g schwarze Oliven (ohne Stein)
100 g Kochsahne (15 % Fett)
2–3 Zweige Thymian
1 EL flüssiger Honig
Salz, Pfeffer aus der Mühle
400 g Cocktailtomaten
1 Handvoll Salbeiblätter

Pro Person: ca. 407 kcal, 7 g EW, 25 g Fett, 42 g KH, 8 g BS

Die Pilze mit 50 ml kochendem Wasser übergießen und 10 Minuten ziehen lassen. Dann abgießen und dabei den Sud auffangen.

Die Zwiebel und den Knoblauch schälen und in feine Würfel schneiden. In einem Topf 1 EL Olivenöl erhitzen, Zwiebel und Knoblauch darin andünsten. Mit Pilzsud und Brühe ablöschen. Mit Cayennepfeffer würzen, aufkochen und die Polenta einrühren.

Die Oliven und eingeweichten Pilze klein schneiden, mit der Kochsahne unter die Polenta rühren. Polentamasse in eine kleine Auflaufform (etwa 22×18 cm) streichen und auskühlen lassen.

Den Thymian waschen, trocken tupfen und die Blättchen abzupfen. Mit 2 EL Olivenöl und dem Honig mischen und mit Salz und Pfeffer würzen.

Den Backofen auf 180 °C vorheizen. Die Tomaten waschen und in einer kleinen Auflaufform mit dem Kräuteröl mischen. Im Ofen auf der mittleren Schiene etwa 15 Minuten garen.

Die Oliven-Polenta in 8 Stücke teilen und mit den Salbeiblättern in einer Pfanne im restlichen Olivenöl auf beiden Seiten anbraten. Mit den Ofentomaten servieren.

Apotheken Umschau Das in Oliven enthaltene Fett besteht fast ausschließlich aus wertvollen ungesättigten Fettsäuren. Olivenöl sollte deshalb für eine gesunde Ernährung gegenüber Sonnenblumen- oder Distelöl bevorzugt werden.

Pro Person:
ca. 407 kcal

CHAMPIGNON-SPINAT-PFANNE AUF DUFTREIS

Für 4 Personen
Zubereitung: ca. 30 Min.

200 g Jasminreis (ersatzweise Basmatireis)
Salz
600 g braune und weiße Champignons
600 g Blattspinat
1 Zwiebel
1 Knoblauchzehe
3 EL Olivenöl
Pfeffer aus der Mühle
1–2 Msp. frisch geriebene Muskatnuss
80 g gesalzene Cashewkerne
1 TL schwarze Sesamsamen

Pro Person: ca. 433 kcal, 16 g EW, 19 g Fett, 49 g KH, 7 g BS

Den Reis nach Packungsanweisung in Salzwasser bissfest garen.

Inzwischen die Pilze putzen, trocken abreiben und in Scheiben schneiden. Spinat verlesen, waschen und trocken schleudern, grobe Stiele entfernen.

Die Zwiebel und den Knoblauch schälen und in feine Würfel schneiden. Das Olivenöl in einer Pfanne erhitzen und die Pilze darin anbraten, bis sie braun werden. Zwiebel und Knoblauch dazugeben und andünsten.

Spinat hinzufügen und bei geschlossenem Deckel zusammenfallen lassen. Spinat und Champignons mit Salz, Pfeffer und Muskatnuss würzen.

Die Cashews unterheben, das Champignon-Spinat-Gemüse mit dem Duftreis anrichten und mit schwarzem Sesam bestreut servieren.

Apotheken Umschau Anders als normale Pflanzen sind Pilze wie Champignons aufgrund ihrer biologischen Besonderheit reich an Vitamin D. Unser Körper stellt das Vitamin mithilfe von Sonnenlicht selbst her.
Es kann trotzdem sinnvoll sein, die Versorgung mit entsprechenden Lebensmitteln zu unterstützen.

Pro Person:
ca. 433 kcal

LINGUINE MIT GRÜNER CAPONATA

Für 4 Personen
Zubereitung: ca. 30 Min.

300 g Zucchini
300 g Fenchel
3 Stangen Staudensellerie
300 g Lauch
2–3 Zweige Thymian
3 EL Olivenöl
Salz, Pfeffer aus der Mühle
125 ml Gemüsebrühe
2–3 EL Balsamico bianco
3 TL Zucker
50 g grüne Oliven (ohne Stein)
2 EL Kapern (in Essig)
320 g Linguine

Pro Person: ca. 452 kcal, 13 g EW, 12 g Fett, 69 g KH, 8 g BS

Alle Gemüsesorten putzen, waschen und in Scheiben oder Ringe bzw. in mundgerechte Stücke schneiden. Thymian waschen und trocken tupfen, die Blättchen abzupfen.

Das Olivenöl in einer Pfanne erhitzen und die weißen Lauchringe darin bei mittlerer Hitze andünsten. Zuerst den Fenchel dazugeben und einige Minuten mitgaren.

Dann die Thymianblättchen sowie den Sellerie und die grünen Lauchringe hinzufügen und ebenfalls einige Minuten mitgaren. Zuletzt die Zucchini dazugeben. Mit Salz und Pfeffer würzen.

Brühe, Essig und Zucker mischen, angießen und alles zugedeckt weitere 5 Minuten garen. Dann aufgedeckt weitere 3 bis 5 Minuten garen, bis die Flüssigkeit eingekocht ist. Oliven und Kapern unterheben.

Inzwischen die Nudeln nach Packungsanweisung in kochendem Salzwasser bissfest garen. Abgießen und mit der Caponata vermischt servieren.

Apotheken Umschau Nicht nur Milchprodukte sind reich an Kalzium: Der knochenstärkende Stoff steckt auch in bestimmten Gemüse- und Obstsorten. Ziemlich viel davon enthält zum Beispiel Staudensellerie.

Pro Person:
ca. 452 kcal

HERBST

Saisongemüse: Austernpilze, Kohlrabi, Kürbis, Maronen, Paprika, Petersilienwurzeln, Radicchio, Steinpilze, Weißkohl, Zuckermais

Saisonobst: Feigen, Orangen

MARONEN-SÜẞKARTOFFEL-SUPPE MIT PETERSILIENSCHAUM

Für 4 Personen
Zubereitung: ca. 30 Min.

1 Zwiebel
400 g Süßkartoffeln
2 EL Rapsöl
1,2 l Gemüsebrühe
400 g Maronen (vorgegart und vakuumiert)
1 EL flüssiger Honig
½ Bund Petersilie
½ TL körnige Gemüsebrühe
100 ml Magermilch (0,7 % Fett)
Salz, Pfeffer aus der Mühle

Pro Person: ca. 360 kcal, 6 g EW, 8 g Fett, 65 g KH, 12 g BS

Die Zwiebel und die Süßkartoffeln schälen, in Würfel schneiden und in einem großen Topf in 1 EL Öl andünsten. Die Brühe angießen und Süßkartoffeln zugedeckt etwa 15 Minuten garen.

Die Maronen in Würfel schneiden und in einer Pfanne im restlichen Öl rundum knusprig anbraten. Den Honig hinzufügen und unter Rühren karamellisieren. Die Hälfte der karamellisierten Maronen in die Suppe geben.

Die Petersilie waschen und trocken schütteln, die Blätter abzupfen, mit körniger Gemüsebrühe in der Milch pürieren. Durch ein Sieb in einen kleinen Topf gießen, kurz erhitzen und mit dem Milchaufschäumer aufschlagen.

Siebrückstand zur Suppe geben. Suppe fein pürieren und mit Salz und Pfeffer würzen. Maronen-Süßkartoffel-Suppe mit restlichen karamellisierten Maronen und Petersilienschaum servieren.

Apotheken Umschau Maronen lassen sich auch einfach selbst im Ofen garen: Mit einem spitzen Messer auf der gewölbten Seite einritzen und etwa 30 Minuten in Wasser einlegen. Backofen auf 200 °C (Ober-/Unterhitze) vorheizen. Kastanien trocknen und mit dem Schnitt nach oben auf ein mit Backpapier belegtes Backblech legen. Im Ofen etwa 20 Minuten garen. Dann herausnehmen, kurz abkühlen lassen und die Schale entfernen.

Pro Person:
ca. 360 kcal

SUPPEN-DUO AUS MUSKATKÜRBIS UND PETERSILIENWURZELN

Für 4 Personen
Zubereitung: ca. 15 Min.

200 g Muskatkürbis
1 l Gemüsebrühe
300 g Petersilienwurzeln
20 g Ingwer
3 EL Frischkäse (0,2 % Fett)
100 ml Kokosmilch
Salz, Pfeffer aus der Mühle
Currypulver
2 TL Zitronensaft
1 Bund Petersilie

Pro Person: ca. 115 kcal,
6 g EW, 6 g Fett, 9 g KH, 3 g BS

Den Kürbis entkernen, schälen und klein schneiden. In einem kleinen Topf in 100 ml Brühe bei schwacher Hitze etwa 20 Minuten weich garen.

Petersilienwurzeln und Ingwer schälen, klein schneiden und in der restlichen Brühe 15 bis 20 Minuten weich garen, dann pürieren.

Ein Drittel der Petersilienwurzelsuppe mit dem Frischkäse zum gegarten Kürbis geben und ebenfalls pürieren. Kokosmilch zur restlichen Petersilienwurzelsuppe gießen und erwärmen.

Die beiden Suppen mit Salz, Pfeffer, Currypulver und Zitronensaft würzen. Eventuell noch Brühe hinzufügen und die Suppen ziehen lassen.

Die Petersilie waschen und trocken schütteln, die Blätter abzupfen und sehr fein hacken. Petersilienwurzelsuppe in tiefe Teller füllen, die Kürbissuppe vorsichtig in die Mitte geben und mit Petersilie bestreut servieren.

Apotheken Umschau Petersilienwurzel kann einen gereizten Magen beruhigen. Besonders bei akuten Beschwerden isst man sie am besten gekocht und püriert. So ist sie noch leichter verdaulich.

Pro Person:
ca. 115 kcal

ROHKOST-SALAT MIT SÄMIGER WALNUSS-CREME

Für 4 Personen
Zubereitung: ca. 25 Min.

200 g Kohlrabi
200 g Möhren
200 g Äpfel
1 TL Zitronensaft
Salz, Pfeffer aus der Mühle
1 Bund Schnittlauch
60 g Walnussskerne
2 EL Weißweinessig
2 EL Apfelsaft
1 EL süßer Senf
mildes Currypulver

Pro Person: ca. 154 kcal, 4 g EW, 10 g Fett, 12 g KH, 5 g BS

Den Kohlrabi und die Möhren putzen und schälen. Äpfel waschen, vierteln und entkernen. Alles in kleine Würfel schneiden. In einer Schüssel mit Zitronensaft mischen und mit Salz und Pfeffer würzen.

Den Schnittlauch waschen, trocken schütteln und in Röllchen schneiden. Die Hälfte der Röllchen mit Walnüssen, Essig, Apfelsaft, süßem Senf und Currypulver im Mixer oder mit dem Stabmixer zu einer Creme mixen. Mit Salz und Pfeffer würzen.

Den Rohkost-Salat mit den restlichen Schnittlauchröllchen bestreuen und mit der Walnuss-Creme mischen.

Apotheken Umschau Nüsse können eine Portion Obst am Tag ersetzen. Allerdings ist die Portionsgröße kleiner, weil der Kaloriengehalt höher ist. Ideal sind etwa 25 Gramm Nüsse statt einer Handvoll Obst.

FEIGEN-ROQUEFORT-AUFSTRICH

Für 4 Personen
Zubereitung: ca. 15 Min. plus ca. 2 Std. Wartezeit

6 Soft-Feigen
100 g Naturjoghurt (1,5 % Fett)
5 EL Apfelsaft
100 g Roquefort (70 % Fett i. Tr)
½ Bund Schnittlauch
8 Scheiben Vollkornbrot
rosa Pfefferbeeren

Pro Person: ca. 380 kcal, 15 g EW, 10 g Fett, 58 g KH, 11 g BS

Die Feigen klein schneiden und im Joghurt 2 Stunden quellen lassen.

Joghurt mit Feigen, Apfelsaft und Blauschimmelkäse pürieren. Schnittlauch waschen, trocken schütteln und in Röllchen schneiden. Die Hälfte davon unter den Aufstrich rühren.

Die Brotscheiben mit dem Feigen-Roquefort-Aufstrich bestreichen, mit restlichem Schnittlauch und grob zerdrücktem rosa Pfeffer bestreuen.

Apotheken Umschau Frische Feigen haben kaum mehr Kalorien als zum Beispiel Äpfel. Anders sieht das bei der getrockneten Variante aus. Diese Früchte daher eher sparsam verwenden.

KÜRBISSUPPE MIT ORANGEN-SCHMAND

Für 4 Personen
Zubereitung: ca.40 Min.

1 kg Hokkaidokürbis
10 g Ingwer
1 Zwiebel
2 Knoblauchzehen
2 EL Rapsöl
1 EL mildes Currypulver
½ l Gemüsebrühe
200 ml Orangensaft
2 EL Kürbiskerne
1 Bio-Orange
200 g Schmand
Salz, Pfeffer aus der Mühle
Pimentpulver

Pro Person: ca. 300 kcal, 7 g EW, 20 g Fett, 21 g KH, 3 g BS

Den Kürbis waschen, vierteln und entkernen, das Fruchtfleisch klein schneiden. Ingwer, Zwiebel und Knoblauch schälen, in feine Würfel schneiden und in einem Topf im Öl mit Currypulver andünsten.

Die Kürbisstücke dazugeben, kurz anbraten und mit Brühe und Orangensaft ablöschen. Zugedeckt bei mittlerer Hitze 20 Minuten garen.

Kürbiskerne grob hacken, kurz in einer Pfanne ohne Fett bei mittlerer Temperatur rösten. Die Orange heiß waschen, trocken reiben und die Schale sehr fein abreiben. Dann die Orange so schälen, dass auch die weiße Haut mit entfernt wird, und die Filets aus den Trennhäuten schneiden. Den abtropfenden Saft dabei auffangen und zur Suppe geben.

Die Kürbissuppe pürieren. Orangenfilets klein schneiden und mit Orangenschale unter den Schmand rühren. Orangen-Schmand sowie die Suppe mit Salz, Pfeffer und Piment würzen.

Kürbissuppe in tiefen Tellern oder Schälchen anrichten, jeweils mit einigen Kürbiskernen bestreuen und mit 1 Klecks Orangen-Schmand servieren.

Apotheken Umschau Orangen enthalten auf 100 Gramm rund 50 Milligramm Vitamin C. Das deckt über die Hälfte des Tagesbedarfs eines Erwachsenen. Vitamin C spielt unter anderem eine Rolle beim Aufbau von Bindegewebe, fördert die Aufnahme von Eisen und ist ein Radikalfänger.

Pro Person:
ca. 300 kcal

TOMATEN-FEIGEN-SALAT MIT SCAMORZA UND SESAMKROKANT

Für 4 Personen
Zubereitung: ca. 25 Min.

2 EL helle Sesamsamen
2 EL flüssiger Honig
Salz
4 reife Feigen
500 g bunte Mini-Tomaten
½ Bund Frühlingszwiebeln
80 g Radicchio
2 EL Balsamico bianco
1 EL mittelscharfer Senf
2 EL Olivenöl
Pfeffer aus der Mühle
2–3 Stiele Minze
80 g Scamorza (ital. Brühkäse)

Pro Person: ca. 236 kcal,
7 g EW, 13 g Fett, 18 g KH,
3 g BS

Den Sesam in einer Pfanne ohne Fett anrösten, 1 EL Honig dazugeben, schmelzen lassen und mit 1 Prise Salz würzen. Die Krokantmasse auf einen Bogen Backpapier geben, fest werden lassen und in Stücke brechen.

Die Feigen waschen und achteln. Die Tomaten waschen und je nach Größe halbieren oder vierteln. Die Frühlingszwiebeln putzen, waschen und in feine Ringe schneiden. Radicchio in die einzelnen Blätter teilen, waschen, trocken schleudern und in mundgerechte Stücke zupfen. Alles in eine Schüssel geben.

Aus restlichem Honig, Essig, Senf, Olivenöl, Salz und Pfeffer ein Dressing mixen und über den Salat träufeln. Minze waschen und trocken tupfen, Blättchen abzupfen und mit dem Sesamkrokant darüberstreuen. Scamorza mit dem Sparschäler in dünne Scheiben schneiden und auf dem Tomaten-Feigen-Salat anrichten.

Apotheken Umschau Gelbe Tomaten sind nicht nur ein optischer Hingucker. Sie punkten bei magenempfindlichen Personen auch, weil sie im Allgemeinen weniger Säure enthalten als die roten Exemplare.

Pro Person:
ca. 236 kcal

MÖHREN-KOHLRABI-SUPPE MIT AUBERGINEN UND KRÄUTERSCHAUM

Für 4 Personen
Zubereitung: ca. 35 Min.

1 sehr kleine Aubergine
1 kleiner Kohlrabi (ca. 300 g)
10 g Ingwer
1 EL Rapsöl
400 ml Gemüsebrühe
100 g Frischkäse (0,2 % Fett)
Salz, Pfeffer aus der Mühle
frisch geriebene Muskatnuss
½ l Möhrensaft
Currypulver
gemahlene Kurkuma
½ Bund Petersilie
½ TL körnige Gemüsebrühe (Instant)
100 ml Milch (0,7 % Fett)

Pro Person: ca. 260 kcal, 10 g EW, 14 g Fett, 22 g KH, 8 g BS

Die Aubergine putzen, waschen und in kleine Würfel schneiden. Die Stücke aus dem Inneren für die Suppe zurücklegen, jene mit violetter Schale in einer Pfanne ohne Fett kurz rösten und beiseitestellen.

Kohlrabi und Ingwer schälen und in kleine Würfel schneiden. In einem Topf kurz in Öl dünsten, die Brühe angießen und alles bei mittlerer Hitze 10 Minuten garen. Den Frischkäse dazugeben, die Suppe pürieren, mit Salz, Pfeffer und Muskatnuss kräftig würzen.

Möhrensaft mit den zurückgelegten Auberginenwürfeln aufkochen. Mit Salz, Pfeffer, Currypulver und Kurkuma würzen und ebenfalls pürieren.

Petersilie waschen und trocken schütteln, die Blätter abzupfen und mit körniger Brühe in der Milch pürieren. Durch ein Sieb in einen kleinen Topf gießen, kurz erhitzen und mit dem Milchaufschäumer oder Stabmixer aufschlagen.

Suppenteller zur Hälfte mit der Möhrensuppe füllen, in die Mitte langsam die Kohlrabicreme einfüllen. Mit Kräuterschaum und Auberginenwürfeln servieren.

Apotheken Umschau Mit nur 4 Gramm Kohlenhydraten pro 100 Gramm kommt Kohlrabi als kohlenhydratarmer Ersatz für Kartoffeln in Frage. Das Gemüse eignet sich, durch den Spiralschneider gedreht, auch als Low-Carb-Nudeln.

Pro Person:
ca. 260 kcal

FRUCHTIGE KÜRBISSUPPE

Für 4 Personen
Zubereitung: ca. 30 Min.

600 g Hokkaidokürbis
2 Zwiebeln
20 g Ingwer
1 EL Rapsöl
½ TL Kardamompulver
1 TL Zimtpulver
1 Msp. Nelkenpulver
1 l Gemüsebrühe
1 großer Apfel
2 Mangos
200 g saure Sahne
Salz, Pfeffer aus der Mühle
frisch geriebene Muskatnuss
1 Bund Petersilie

Pro Person: ca. 170 kcal, 4 g EW, 8 g Fett, 20 g KH, 4 g BS

Den Kürbis waschen, halbieren und entkernen. Kürbishälften in Würfel schneiden. Die Zwiebeln und den Ingwer schälen und sehr fein hacken. Alles in einem Topf im Öl andünsten. Kardamom-, Zimt- und Nelkenpulver sowie die Brühe dazugeben und den Kürbis zugedeckt bei schwacher Hitze 20 Minuten garen.

Den Apfel waschen, vierteln und entkernen. Viertel klein schneiden und zur Suppe geben. Mangos schälen, Fruchtfleisch zuerst vom Stein schneiden und dann würfeln. Mit der sauren Sahne ebenfalls zur Suppe geben.

Die Suppe pürieren, mit Salz, Pfeffer und Muskatnuss würzen und nochmals erhitzen. Petersilie waschen und trocken schütteln, die Blätter abzupfen und fein hacken. In tiefen Tellern anrichten, mit der Petersilie bestreuen und nach Belieben mit ein wenig saurer Sahne anrichten.

Apotheken Umschau Hokkaidokürbis muss im Gegensatz zu anderen Kürbisarten nicht geschält werden. Die orange Farbe kommt von Betacarotin. Schon 150 Gramm decken das Tagessoll.

LEINSAMEN-TOMATEN-AUFSTRICH

Für 10 Portionen
Zubereitung: ca. 20 Min.

4 Tomaten
1 kleine Zwiebel
1 EL Olivenöl
16 Blätter Liebstöckel
5 EL geschroteter Leinsamen
2 EL geschroteter, gerösterer heller Sesam
1 EL Zitronensaft
Salz, Pfeffer aus der Mühle

Pro Person: ca. 45 kcal,
2 g EW, 4 g Fett, 1 g KH, 2 g BS

Die Tomaten waschen, vierteln und Stielansätze entfernen. Viertel klein schneiden. Zwiebel schälen, in feine Würfel schneiden und in einer Pfanne im Olivenöl glasig dünsten.

Die Tomatenwürfel dazugeben und bei mittlerer Hitze mitdünsten. Liebstöckel waschen, trocken tupfen und fein hacken.

Leinsamen und Sesam mit Zitronensaft, Liebstöckel und der Zwiebel-Tomaten-Masse mit dem Stabmixer pürieren. Den Aufstrich mit Salz und Pfeffer würzen.

Apotheken Umschau Geschrotet quillt Leinsamen im Magen-Darm-Trakt auf und kann so bei Verstopfung helfen.
Wichtig: Viel dazu trinken.

FENCHEL-LINSEN-SALAT AUF ZITRUSFRÜCHTEN

Für 4 Personen
Zubereitung: ca. 25 Min. plus ca. 12 Std. Einweichzeit

100 g Berglinsen
1 TL Rosmarinnadeln (oder ½ TL getrockneter Rosmarin)
2 kleine rote Zwiebeln
1 EL Olivenöl
¼ l Gemüsebrühe
2 große Orangen
1 Grapefruit
1 Fenchelknolle (mit Grün)
3 EL Walnusskerne
1 EL Weißweinessig
Salz, Pfeffer aus der Mühle

Pro Person: ca. 218 kcal, 10 g EW, 8 g Fett, 25 g KH, 10 g BS

Die Berglinsen über Nacht einweichen.

Am nächsten Tag den Rosmarin fein hacken. Die Zwiebeln schälen und in Ringe schneiden, mit Rosmarin im Olivenöl andünsten. Die Linsen in einem Sieb abtropfen lassen und dazugeben. Mit der Brühe ablöschen und bei schwacher Hitze 15 Minuten garen.

Inzwischen die Orangen und die Grapefruit so schälen, dass auch die weiße Haut mit entfernt wird. Früchte in dünne Scheiben schneiden, eventuell vorhandene Kerne entfernen und Zitrusfruchtscheiben dachziegelartig auf 4 Tellern anrichten.

Fenchel putzen, waschen, halbieren und in sehr dünne Streifen schneiden. Fenchelgrün zum Garnieren zurücklegen. Walnüsse grob hacken und in einer Pfanne ohne Fett kurz rösten.

Heiße Linsen bei Bedarf abtropfen lassen, mit dem Fenchel mischen und auf den Zitrusfrüchten anrichten. Mit Essig, Salz und Pfeffer würzen. Fenchelgrün hacken und mit den Walnüssen über den Salat streuen.

Apotheken Umschau Schon 100 Gramm getrocknete Linsen liefern mehr als ein Drittel des Tagessolls an Ballaststoffen. Deshalb halten sie lange satt und können vor Heißhungerattacken schützen.

Pro Person:
ca. 218 kcal

GEMÜSE-SENF-CREMESUPPE

Für 4 Personen
Zubereitung: ca. 30 Min.

1 Zwiebel
1 Stange Lauch
1 Möhre
150 g Knollensellerie
1 große festkochende Kartoffel (150 g)
2 EL Rapsöl
¾ l Gemüsebrühe
je 1 EL Kräutersenf und Dijonsenf
100 g saure Sahne
je 1 ½ Bund Schnittlauch und Petersilie
Salz, Pfeffer aus der Mühle
1 Knoblauchzehe
100 g Räuchertofu
2 EL helle Sesamsamen

Pro Person: ca. 195 kcal, 9 g EW, 14 g Fett, 10 g KH, 5 g BS

Die Zwiebel schälen und in feine Würfel schneiden. Den Lauch putzen, längs halbieren, waschen und in Streifen schneiden. Möhre, Sellerie und Kartoffel schälen und in Würfel schneiden.

In einem Topf 1 EL Öl erhitzen und die Zwiebel darin andünsten. Das Gemüse hinzufügen und kurz mitbraten. Mit der Brühe ablöschen und etwa 10 Minuten köcheln lassen. Die Suppe mit dem Stabmixer fein pürieren, Senf und saure Sahne einrühren.

Die Kräuter waschen und trocken schütteln. Schnittlauch in Röllchen schneiden. Petersilienblätter abzupfen und fein hacken. Zwei Drittel der Kräuter unter die Suppe heben und die Suppe mit Salz und Pfeffer würzen.

Den Knoblauch schälen und fein hacken. Den Tofu in kleine Würfel schneiden. Restliches Öl in einer kleinen Pfanne erhitzen und den Knoblauch darin kurz anbraten. Tofu und Sesam dazugeben und bei mittlerer Hitze 3 bis 4 Minuten knusprig braten.

Die Cremesuppe mit dem Sesam-Tofu-Mix und den restlichen Kräutern bestreut servieren.

Apotheken Umschau Der Geschmack von Räuchertofu soll ein wenig an Fleischwurst erinnern – Tofu hat aber deutlich weniger Kalorien. Zudem ist er frei von Cholesterin, enthält dafür aber viele essenzielle Fettsäuren in einem ausgewogenen Verhältnis.

Pro Person:
ca. 195 kcal

LINGUINE MIT MARONEN UND KÜRBIS

Für 4 Personen
Zubereitung: ca. 30 Min.

300 g frische Maronen (oder 200 g vorgegarte, vakuumierte Maronen)
300 g Hokkaidokürbis-Fruchtfleisch
3–4 Zweige Thymian
1 Zwiebel
3 EL Olivenöl
200 ml Gemüsebrühe
100 g Frischkäse
1 EL Meerrettich (aus dem Glas)
Pfeffer aus der Mühle
300 g Linguine (dünne Bandnudeln)
Salz
25 g frischer Meerrettich

Pro Person: ca. 548 kcal, 13 g EW, 18 g Fett, 82 g KH, 6 g BS

Frische Maronen kreuzförmig einritzen und je nach Größe etwa 5 Minuten kochen. Nach dem Abkühlen Schale und braune Innenhaut entfernen. (Bereits vorgegarte Maronen sind fertig für die Zubereitung.)

Kürbisfruchtfleisch in Würfel schneiden. Thymian waschen, trocken schütteln und die Blättchen abzupfen. Zwiebel schälen, in feine Würfel schneiden und in einem Topf im Olivenöl andünsten. Maronen, Kürbis und Thymian hinzufügen und zugedeckt 3 bis 4 Minuten garen.

Die Brühe angießen, Frischkäse und Meerrettich unterrühren, mit Pfeffer würzen und weitere 2 bis 3 Minuten garen.

Die Nudeln nach Packungsanweisung in kochendem Salzwasser bissfest garen, abgießen und mit der Maronen-Kürbis-Sauce mischen. In tiefen Tellern anrichten und den frischen Meerrettich darüberreiben.

Apotheken Umschau In Maronen stecken viele sogenannte komplexe Kohlenhydrate, die nachhaltig sättigen. Wenn Sie Maronen zum Snacken („Heiße Maroni“) zubereiten wollen, können Sie diese wie im Tipp auf Seite 116 beschrieben im Ofen garen.

Pro Person:
ca. 548 kcal

FLAMMKUCHEN MIT SAUERKRAUT

Für 4 Personen
Zubereitung: ca. 25 Min.

240 g Flammkuchenteig (aus dem Kühlregal)
1 Möhre (ca. 100 g)
1 rotschaliger Apfel (ca. 175 g)
200 g frisches Sauerkraut
1 TL Apfeldicksaft (ersatzweise flüssiger Honig)
Salz, Pfeffer aus der Mühle
1 rote Zwiebel
125 g saure Sahne
½ Bund Schnittlauch

Pro Person: ca. 245 kcal, 7 g EW, 4 g Fett, 36 g KH, 4 g BS

Den Backofen auf 220 °C vorheizen. Den Teig auf einem Backblech entrollen.

Möhre putzen und schälen, Apfel waschen, vierteln und entkernen. Beides grob raspeln und mit dem Sauerkraut mischen. Mit dem Dicksaft süßen, mit Salz und Pfeffer würzen. Zwiebel schälen und in dünne Ringe schneiden.

Den Teig mit der sauren Sahne bestreichen. Sauerkraut-Mix und Zwiebelringe darauf verteilen. Flammkuchen im Ofen auf der untersten Schiene etwa 15 Minuten knusprig backen.

Den Schnittlauch waschen und trocken schütteln, in Röllchen schneiden und vor dem Servieren über den Flammkuchen streuen.

Apotheken Umschau Sauerkraut enthält eine ordentliche Portion Vitamin C – und zwar in einer so günstigen Form, dass selbst bei mehrmaligem schonenden (!) Erwärmen höchstens 30 Prozent davon verloren gehen.

KÜRBIS-QUINOTTO

Für 4 Personen
Zubereitung: ca. 35 Min.

500 g Hokkaidokürbis
(ca. 300 g Fruchtfleisch)
1 große Zwiebel
100 g getrocknete Tomaten
(siehe Tipp)
1 EL Olivenöl
180 g Quinoa
900 ml Gemüsebrühe
1 Bund Basilikum
150 g Feta (Schafskäse)
1 EL Zitronensaft
1 TL Paprikapulver
Salz
Pfeffer aus der Mühle

Pro Person: ca. 361 kcal,
17 g EW, 12 g Fett, 51 g KH,
7 g BS

Den Kürbis waschen, entkernen und das Kürbisfleisch fein reiben. Zwiebel schälen und in feine Würfel schneiden. Die Tomaten sehr klein hacken.

Das Olivenöl in einem Topf erhitzen, Zwiebel und Tomaten darin andünsten. Kürbis und Quinoa hinzufügen und kurz mitdünsten. Dann etwas Brühe angießen und bei mittlerer Hitze einköcheln lassen, dabei gelegentlich umrühren. Immer wieder etwas Brühe dazugießen, bis die Quinoa-Körner nach etwa 25 Minuten fast weich sind.

Das Basilikum waschen und trocken schütteln, die Blätter abzupfen und fein hacken. Feta zerbröseln, mit Zitronensaft und Paprika unter den Risotto geben.

Den Kürbis-Quinotto mit Salz und Pfeffer würzen und mit Basilikum bestreut sofort servieren.

Apotheken Umschau Getrocknete Tomaten sind fast ebenso gesund wie frische – haben allerdings mehr Kalorien. Wer sie nicht in Öl eingelegt kauft, kann zumindest ein paar Kalorien einsparen.

SÜßKARTOFFELAUFLAUF MIT KRÄUTERDIP

Für 4 Personen
Zubereitung: ca. 30 Min. plus ca. 35 Min. Backzeit

Öl für die Auflaufform
600 g Süßkartoffeln
200 g Zwiebeln
100 g getrocknete Tomaten
1 EL Rapsöl
¼ l Gemüsebrühe
3 Bund Petersilie
4 Eier
300 g Frischkäse (0,2 % Fett)
Salz, Pfeffer aus der Mühle
1 TL Thymianblättchen
200 g Naturjoghurt (1,5 % Fett)

Pro Person: ca. 436 kcal, 25 g EW, 12 g Fett, 59 g KH, 10 g BS

Den Backofen auf 180 °C (Ober-/Unterhitze) vorheizen. Eine Auflaufform mit Öl einfetten.

Die Süßkartoffeln und Zwiebeln schälen und in kleine Würfel schneiden. Getrocknete Tomaten fein hacken. Alles in einer Pfanne im Öl andünsten. Mit der Brühe ablöschen und 10 Minuten garen, bis die Flüssigkeit verdunstet ist.

Die Petersilie waschen und trocken schütteln, die Blätter abzupfen und fein hacken. Eier trennen. Eigelbe mit Frischkäse, der heißen Gemüse-Mischung und der Hälfte der Petersilie mischen.

Die Eiweiße steif schlagen und vorsichtig unter die Masse heben. Mit Salz und Pfeffer würzen, in die Auflaufform füllen und im Ofen auf der mittleren Schiene etwa 35 Minuten backen.

Restliche Petersilie und Thymianblättchen mit dem Joghurt verrühren. Dip mit Salz und Pfeffer würzen und zum Süßkartoffelauflauf servieren.

Apotheken Umschau Süßkartoffeln sättigen besser als normale Kartoffeln und lassen auch den Blutzucker weniger steigen.

Pro Person:
ca. 436 kcal

ERDNUSS-SPINAT MIT INJERA-FLADEN

Für 4 Personen
Zubereitung: ca. 45 Min. plus mind. 6 Std. Gehzeit

1 Würfel Hefe (42 g)
250 g Teffmehl (siehe Tipp)
Salz
1 kg Blattspinat (ersatzweise 500 g tiefgekühlter Blattspinat)
30 g Erdnusskerne
1 große Zwiebel
2 EL Öl
ca. 100 ml Gemüsebrühe
1 Knoblauchzehe
1 TL gemahlener Kreuzkümmel
1 TL Senfpulver
1 Prise Cayennepfeffer
1 Prise Pimentpulver

Pro Person: ca. 344 kcal, 15 g EW, 10 g Fett, 47 g KH, 10 g BS

Die Hefe in ½ l lauwarmem Wasser auflösen, mit Teffmehl zu einem dünnflüssigen Teig verrühren und mit Salz würzen. Gut zugedeckt mindestens 6 Stunden, besser 2 Tage an einem warmen Ort gehen lassen.

Am Zubereitungstag den frischen Spinat verlesen, waschen und trocken schleudern, grobe Stiele entfernen. Große Blätter zerpflücken. Oder den tiefgekühlten Spinat antauen lassen.

Erdnüsse fein hacken. Zwiebel schälen und in feine Würfel schneiden. Beides im Öl andünsten. Den Spinat hinzufügen, zusammenfallen lassen und mit der Brühe ablöschen.

Knoblauch schälen, in feine Würfel schneiden und mit den Gewürzen zum Spinat geben. Den Spinat mit Salz abschmecken und langsam gar ziehen lassen.

Den Backofen auf 80 °C vorheizen. Ist der Teffteig nicht mehr dünnflüssig, etwas Wasser unterrühren. In einer flachen, beschichteten Pfanne bei mittlerer bis hoher Hitze aus dem Teig Fladen ausbacken. Diese nicht wenden, sondern so lange in der Pfanne durchgaren, bis sie sich vom Pfannenboden lösen lassen.

Fladen im Ofen warm halten, bis der Teig vollständig verbraucht ist. Die Injera-Fladen mit dem Erdnuss-Spinat servieren.

Apotheken Umschau Teff ist eine Hirseart. Das glutenfreie Mehl bekommen Sie im Bioladen. Injera-Fladen kommen ursprünglich aus Äthiopien und Eritrea. Die säuerlichen Fladen zählen dort zu den Grundnahrungsmitteln.

Pro Person:
ca. 344 kcal

SHAKSHUKA MIT PAPRIKA

Für 4 Personen
Zubereitung: ca. 40 Min.

Je 1 gelbe und orangefarbene Paprikaschote
1 grüne Chilischote
800 g reife Eier- oder Flaschentomaten
1 Zwiebel
1 Knoblauchzehe
3 EL Olivenöl
Salz, Pfeffer aus der Mühle
1 TL Zucker
1 EL Paprikapulver (edelsüß)
1 EL gemahlener Kreuzkümmel
4 Eier
1 Bund Petersilie

Pro Person: ca. 248 kcal, 11 g EW, 15 g Fett, 14 g KH, 6 g BS

Die Paprikaschoten längs halbieren, entkernen, waschen und in Streifen schneiden. Die Chilischote längs halbieren, entkernen, waschen und in feine Würfel schneiden.

Tomaten mit kochendem Wasser übergießen, häuten, halbieren und entkernen. Das Fruchtfleisch grob würfeln.

Zwiebel und Knoblauch schälen und in feine Würfel schneiden. Beides mit Paprika und Chilischote in einer Pfanne im Olivenöl andünsten, dann die Tomaten hinzufügen.

Das Gemüse offen bei mittlerer Hitze etwa 15 Minuten einköcheln lassen. Mit Salz, Pfeffer, Zucker, Paprikapulver und Kreuzkümmel würzen.

Vier Mulden in die Tomatensauce drücken, die Eier hineinschlagen. Zugedeckt 5 Minuten garen.

Die Petersilie waschen und trocken schütteln, die Blätter abzupfen und fein hacken. Die Shakshuka noch mal abschmecken und mit der Petersilie bestreut servieren. Als Beilage frisches Fladenbrot reichen.

Apotheken Umschau Gesunde Schärfe: Der Chili-Inhaltsstoff Capsaicin soll unter anderem den Stoffwechsel anregen und vor Krankheitserregern schützen.

Pro Person:
ca. 248 kcal

TAGLIATELLE MIT SPINAT UND WALNUSS-PESTO

Für 4 Personen
Zubereitung: ca. 40 Min.

80 g Walnusskerne
600 g Blattspinat
2 Knoblauchzehen
90 g Pecorino (am Stück)
2 EL Walnussöl
Salz, Pfeffer aus der Mühle
1 Zwiebel
1 EL Olivenöl
frisch geriebene Muskatnuss
350 g Tagliatelle (oder andere Bandnudeln)
Pro Person: ca. 622 kcal, 20 g EW, 27 g Fett, 66 g KH, 8 g BS

Die Walnüsse in einer Pfanne ohne Fett anrösten und abkühlen lassen. Spinat verlesen, waschen und trocken schleudern, grobe Stiele entfernen. Den Knoblauch schälen. 40 g Pecorino reiben.

60 g Nüsse, 1 gute Handvoll Spinatblätter, 1 Knoblauchzehe, den geriebenen Pecorino und das Walnussöl im Standmixer oder Blitzhacker pürieren, mit Salz und Pfeffer würzen.

Die Zwiebel schälen und mit der zweiten Knoblauchzehe in feine Würfel schneiden. Beides im Olivenöl in einer Pfanne andünsten. Restlichen Spinat dazugeben und zugedeckt zusammenfallen lassen. Mit Salz, Pfeffer und Muskatnuss würzen.

Nudeln in kochendem Salzwasser bissfest garen. Abgießen, dabei 3 bis 4 EL Kochwasser auffangen. Pesto und aufgefangenes Kochwasser unter die Nudeln mischen.

Bandnudeln mit dem Spinat in tiefen Tellern anrichten. Den restlichen Pecorino darüberhobeln und die übrigen Walnusskerne darüberstreuen.

Apotheken Umschau Fertiges Pesto enthält oft billiges Sonnenblumenöl ohne viele wertvolle Inhaltsstoffe sowie Cashewkerne statt Nüsse. Ein Blick auf die Zutatenliste lohnt sich! Oder eben gleich selbst zubereiten –wie in diesem Rezept auf Basis von Walnüssen und deren Öl, die beide besonders viele wertvolle Omega-3-Fetttsäuren liefern.

Pro Person:
ca. 622 kcal

GEBACKENE AUBERGINEN MIT ZWIEBEL-GRANATAPFEL-FÜLLUNG

Für 4 Personen
Zubereitung: ca. 70 Min.

750 g Gemüsezwiebeln
½ Bund Thymian
5 EL Olivenöl
2 EL Zucker
100 ml Weißwein
4 EL Balsamico bianco
100 ml Gemüsebrühe
Salz, Pfeffer aus der Mühle
1 kleiner Granatapfel
2 kleine Auberginen
1 Knoblauchzehe
200 g Feta (Schafskäse)
1 Kopf Endiviensalat
200 g Cocktailtomaten

Pro Person: ca. 331 kcal, 15 g EW, 18 g Fett, 21 g KH, 10 g BS

Die Zwiebeln schälen und in feine Würfel schneiden. Thymian waschen und trocken schütteln, die Blättchen abzupfen. Beides in einer Pfanne in 2 EL Olivenöl andünsten. Mit Zucker bestreuen und karamellisieren. Wein, 3 EL Essig und 50 ml Brühe dazugeben. Bei mittlerer Hitze etwa 30 Minuten offen garen, mit Salz und Pfeffer würzen.

Den Backofen auf 200 °C (Ober-/Unterhitze) vorheizen. Im Spülbecken Granatapfel rings um den Blüteneinsatz schräg einschneiden, Blütenansatz heraustrennen. In die Vertiefung mit beiden Daumen fassen und die Frucht in einer Schüssel mit Wasser aufbrechen. Kerne mit den Fingern von der weißen Haut trennen. Sie sinken im Wasser nach unten. Kerne in ein Sieb abgießen.

Die Auberginen halbieren. Fruchtfleisch mit einem Löffel herauslösen, dabei einen etwa 1 cm dicken Rand lassen. Hälften in eine Auflaufform setzen, salzen und im Ofen auf der mittleren Schiene etwa 15 Minuten vorgaren. Dann die Ofentemperatur auf 100 °C reduzieren.

Das Auberginenfruchtfleisch hacken und in 2 EL Olivenöl anbraten. Knoblauch schälen, in feine Würfel schneiden und kurz mitbraten. Mit zerbröseltem Feta, Zwiebeln und Granatapfelkernen mischen, mit Salz und Pfeffer abschmecken. Die Masse in die Auberginenhälften füllen und im Ofen etwa 15 Minuten fertig garen.

Inzwischen den Salat verlesen, waschen, trocken schleudern und in mundgerechte Stücke zupfen. Tomaten waschen und halbieren. Restliches Olivenöl, Essig und kalte Brühe verrühren, mit den Tomaten und Salatblättern mischen. Zu den Auberginen servieren.

Apotheken Umschau Wer als Vegetarier viele Hülsenfrüchte und Vollkornprodukte isst, sollte mehr Zink essen. Käse wie Feta ist eine gute Quelle dafür. Tierisches Eiweiß unterstützt im Darm zudem die Aufnahme von Zink.

Pro Person:
ca. 331 kcal

PFIFFERLING-MINIQUICHES MIT ZIEGENKÄSE

Für 4 Personen
Zubereitung: ca. 25 Min. plus 40 Min. Ruhezeit und ca. 45 Min. Backzeit

Für die Quiches:
50 g kalte Butter
50 g Magerquark
Kräutersalz
100 g Dinkelmehl (Type 630)
1 Zwiebel
250 g Pfifferlinge
2 EL Olivenöl
Salz, Pfeffer aus der Mühle
2 Eier
175 g Ziegenfrischkäse
Cayennepfeffer

Außerdem:
4 Tarteletteformen (à ca. 12 cm Durchmesser)
Butter für die Formen
Mehl für die Arbeitsfläche
½ Kästchen Kresse

Pro Person: ca. 405 kcal, 15 g EW, 28 g Fett, 19 g KH, 5 g BS

Für die Quiches die Butter, den Quark, ½ TL Kräutersalz und das Mehl zu einem glatten Teig verkneten. In Folie gewickelt 40 Minuten kühl stellen.

Inzwischen die Zwiebel schälen und in feine Würfel schneiden. Die Pfifferlinge putzen, trocken abreiben und große Exemplare halbieren.

Zwiebelwürfel in einer Pfanne im Olivenöl anbraten, Pilze dazugeben und 3 bis 5 Minuten braten, bis die Flüssigkeit verdampft ist. Mit Salz und Pfeffer würzen, etwas abkühlen lassen. Eier und Ziegenkäse cremig rühren, mit Salz und Cayennepfeffer würzen.

Den Backofen auf 180 °C (Ober-/Unterhitze) vorheizen. Die Tarteletteformen einfetten. Teig in 4 Portionen teilen, jeweils dünn auf der bemehlten Arbeitsfläche ausrollen und die Formen damit auskleiden.

Zuerst die Ziegenkäsecreme, dann die Pfifferlinge auf die Formen verteilen. Die Mini-Quiches im Ofen auf der zweiten Schiene von unten etwa 45 Minuten backen.

Kresse vom Beet schneiden, waschen und trocken schütteln. Die Quiches lauwarm oder abgekühlt und mit Kresse bestreut servieren.

Apotheken Umschau Wer Weizen- gegen Dinkelmehl austauschen möchte, muss in der Regel nicht viel beachten. Man sollte den Teig etwas vorsichtiger kneten, geschmacklich gibt es kaum Unterschiede. Glutenfrei ist Dinkel zwar auch nicht, enthält aber im Vergleich zu Weizen etwas mehr Eiweiß, Magnesium und Silizium.

Pro Person:
ca. 405 kcal

TOMATEN-SÜßKARTOFFEL-RATATOUILLE

Für 4 Personen
Zubereitung: ca. 40 Min.

4 Möhren
400 g Süßkartoffeln
1 Knoblauchzehe
1 große Zwiebel
2 EL Olivenöl
1 TL getrockneter Oregano
Salz, Pfeffer aus der Mühle
100 ml Gemüsebrühe
8 Tomaten
2 mittelgroße Gewürzgurken
1 Bund Schnittlauch

Pro Person: ca. 219 kcal, 5 g EW, 6 g Fett, 34 g KH, 9 g BS

Möhren, Süßkartoffeln, Knoblauch und Zwiebel schälen und in Würfel schneiden. Das Olivenöl in einem großen Topf erhitzen und alles darin bei mittlerer Hitze etwa 30 Minuten dünsten. Mit Oregano, Salz und Pfeffer würzen und bei Bedarf etwas Brühe dazugeben.

Inzwischen die Tomaten kreuzweise einschneiden und mit kochendem Wasser übergießen, häuten, halbieren und entkernen. Fruchtfleisch in mittelgroße Würfel schneiden. Gurken ebenfalls würfeln. Mit den Tomaten zum gegarten Gemüse geben und kurz mitdünsten.

Schnittlauch waschen, trocken schütteln und in feine Röllchen schneiden. Ratatouille nochmals abschmecken und mit Schnittlauch bestreut servieren.

Apotheken Umschau Tomaten sind das ideale Diätessen. Sie haben nur 17 Kilokalorien pro 100 Gramm und enthalten zudem viel Kalium, das entwässert.

STEINPILZ-TAGLIATELLE MIT VANILLE UND THYMIAN

Für 4 Personen
Zubereitung: ca. 30 Min.

400 g Steinpilze
1 Zwiebel
3–4 Zweige Thymian
2 EL Olivenöl
1 Prise gemahlene Bourbon-Vanille
Salz, Pfeffer aus der Mühle
125 g Kochsahne (15 % Fett)
320 g Tagliatelle

Pro Person: ca. 417 kcal, 14 g EW, 12 g Fett, 62 g KH, 9 g BS

Pilze putzen, trocken abreiben und in Scheiben schneiden. Zwiebel schälen und in feine Würfel schneiden. Thymian waschen, trocken tupfen und Blättchen abzupfen.

Pilze in einer Pfanne im Olivenöl scharf anbraten. Zwiebel, Thymian und Vanille dazugeben, etwa 3 Minuten mitdünsten. Pilze mit Salz und Pfeffer würzen, Kochsahne unterrühren, heiß werden lassen und die Pfanne vom Herd ziehen.

Inzwischen die Nudeln in kochendem Salzwasser bissfest garen. Abgießen, mit den Pilzen in der Pfanne mischen und sofort servieren.

APOTHEKEN Umschau Als Wildpilze können Steinpilze auch Schwermetalle und radioaktive Stoffe speichern. Aus diesem Grund rät die WHO (Weltgesundheitsorganisation) Wildpilze maximal einmal pro Woche und dann nicht mehr als 250 Gramm davon zu essen.

KÜRBIS-ZWIEBEL-QUICHE

Für 12 Stücke
(1 Springform mit 26 cm Durchmesser)
Zubereitung: ca. 40 Min. plus ca. 40 Min. Backzeit

Butter für die Form
100 g Butter
200 g Weizenvollkornmehl
4 Eier
Salz
600 g Muskatkürbis
5 große Zwiebeln
1 Knoblauchzehe
1 EL Olivenöl
150 ml Gemüsebrühe
Pfeffer aus der Mühle
100 g Feta (Schafskäse)
1 EL getrockneter Thymian
100 ml Milch (1,5 % Fett)
1 EL rosa Pfefferbeeren

Pro Stück: 194 kcal, 7 g EW, 12 g Fett, 14 g KH, 3 g BS

Die Springform einfetten. Butter in kleine Stücke schneiden und mit Mehl, 2 Eiern und ½ TL Salz mit kalten Händen zu einer Teigkugel kneten, bei Bedarf noch etwas kaltes Wasser dazugeben.

Den Teig auf dem Boden der Springform verteilen, fest andrücken und dabei einen Rand formen. Im Kühlschrank etwa 30 Minuten ruhen lassen.

Den Backofen auf 180 °C (Ober-/Unterhitze) vorheizen. Den Kürbis schälen, halbieren, entkernen und in kleine Stifte schneiden. Zwiebeln und Knoblauch schälen und in feine Würfel schneiden. Beides mit den Kürbisstiften in einer Pfanne im Olivenöl 3 Minuten dünsten, mit Brühe ablöschen und bei mittlerere Hitze 10 Minuten garen. Mit Salz und Pfeffer würzen.

Die Kürbis-Zwiebel-Masse auf den gekühlten Teig geben und die Quiche im Ofen auf der mittleren Schiene 20 Minuten backen.

Feta in kleine Würfel schneiden, mit restlichen Eiern, Thymian und Milch verrühren und über die Quiche gießen. Mit grob zerdrücktem rosa Pfeffer bestreuen und die Quiche etwa 20 Minuten fertig backen.

Apotheken Umschau Sie wollen die Kürbissaison verlängern? Dann frieren sie ihn einfach ein. Gewürfelten Kürbis 1 bis 2 Minuten in kochendem Salzwasser blanchieren, kalt abschrecken (oder kurz in Eiswasser tauchen) und abtropfen lassen. Anschließend in gut verschlossenen Beuteln oder Dosen einfrieren.

Pro Stück:
ca. 194 kcal

PILZGEMÜSE MIT KNÖDELN

Für 4 Personen
Zubereitung: ca. 1 Std.

3 altbackene Mehrkorn-brötchen
200 ml Milch (1,5 % Fett)
1 Zwiebel
2 EL Olivenöl
1 Bund Petersilie
2 Eier
Salz, Pfeffer aus der Mühle
1 Msp. frisch geriebene Muskatnuss
1–2 EL Paniermehl
400 g gemischte Pilze (z. B. Egerlinge, Steinpilze, Pfifferlinge)
2 Stangen Lauch
150 ml Gemüsebrühe
100 g Kochsahne (15 % Fett)
2 Zweige Thymian

Pro Person: ca. 343 kcal, 16 g EW, 15 g Fett, 33 g KH, 11 g BS

Die Brötchen klein schneiden. Die Milch erhitzen und darübergießen. Etwa 20 Minuten ziehen lassen.

Die Zwiebel schälen, in feine Würfel schneiden und in 1 EL Olivenöl andünsten. Die Petersilie waschen und trocken schütteln, die Blätter abzupfen und fein hacken. Mit den Eiern und Zwiebelwürfeln unter die Brötchenmasse kneten. Die Masse mit Salz, Pfeffer und Muskatnuss würzen und 8 Knödel daraus formen (eventuell noch Paniermehl unterkneten).

Die Knödel in siedendem Salzwasser bei schwacher Hitze etwa 20 Minuten gar ziehen lassen.

Die Pilze putzen, falls nötig, trocken abreiben, und halbieren oder in Scheiben schneiden. Den Lauch putzen, waschen und in dünne Ringe schneiden.

Das restliche Olivenöl in einer Pfanne erhitzen. Erst die Lauchringe darin andünsten, dann die Pilze hinzufügen. Zugedeckt alles etwa 6 Minuten dünsten. Brühe und Kochsahne mischen, angießen und einige Minuten köcheln lassen. Pilzgemüse mit Salz und Pfeffer würzen.

Den Thymian waschen und trocken tupfen, die Blätter abzupfen und über das Pilzgemüse streuen. Zu den Knödeln servieren.

APOTHEKEN Umschau Lauch gehört zur selben Pflanzenfamilie wie Zwiebeln und Knoblauch. Er punktet daher mit denselben positiven Inhaltsstoffen – etwa Inulin für gesunde Bakterienbesiedlung im Darm und Immunsystem –, schmeckt aber viel milder als seine scharfen Verwandten.

Pro Person:
ca. 343 kcal

KÜRBIS-APFEL-CARPACCIO MIT INGWER

Für 4 Personen
Zubereitung: ca. 35 Min.

1 kleiner Hokkaidokürbis (ca. 700 g)
Salz
4 EL naturtrüber Apfelsaft
2 EL Sultaninen
3 EL Kürbiskerne
2 rotschalige Äpfel (z. B. Jonagored)
35 g Ingwer
Saft von 1 Zitrone
2 EL mildes Olivenöl
1 EL Zucker
1 kleines Bund Rucola
2 EL Kürbiskernöl

Pro Person: ca. 290 kcal, 5 g EW, 16 g Fett, 31 g KH, 5 g BS

Den Kürbis waschen, vierteln und entkernen. Fruchtfleisch mit dem Sparschäler in dünnen Scheiben abschneiden. In einer Schüssel mit 1 TL Salz mischen und zugedeckt etwa 20 Minuten ziehen lassen.

Apfelsaft und Sultaninen mischen, ebenfalls ziehen lassen. Kürbiskerne in einer Pfanne ohne Fett anrösten. Äpfel waschen, vierteln und entkernen. Viertel in dünne Scheiben hobeln.

Ingwer dünn schälen und sehr fein schneiden. Mit Zitronensaft, Olivenöl, Zucker und Apfelsaft samt Sultaninen verrühren.

Rucola verlesen, waschen und trocken schleudern, grobe Stiele entfernen. Kürbis, Äpfel und Rucola auf einer Platte anrichten. Ingwerdressing darübergeben. Kürbis-Apfel-Carpaccio mit Kürbiskernen bestreuen und mit dem Kürbiskernöl beträufeln.

Apotheken Umschau Bestimmte Substanzen der Kürbiskerne sollen gegen gutartige Prostatabeschwerden helfen, etwa beim Wasserlassen.

Pro Person:
ca. 290 kcal

GRATINIERTES GEMÜSE MIT KRÄUTERKRUSTE

Für 4 Personen
Zubereitung: ca. 45 Min. plus ca. 15 Min. Backzeit

1 Bund gemischte Kräuter (z.B. Petersilie, Schnittlauch, Kerbel)
1 Knoblauchzehe
100 g altbackenes Vollkornbrot oder -brötchen (oder Vollkornsemmelbrösel)
80 g würziger Käse (z.B. Bergkäse, Emmentaler; gerieben)
4 EL Raps- oder Olivenöl
40 g Kürbiskerne
Pfeffer aus der Mühle
300 g Möhren
2 Kohlrabi (mit Grün; ca. 600 g)
2 Stangen Lauch (ca. 400 g)
200 g Champignons
200 g Erbsen (frisch gepalt oder tiefgekühlt)
100 g Frischkäse
Salz

Pro Person: ca. 497 kcal, 24 g EW, 28 g Fett, 29 g KH, 13 g BS

Kräuter waschen und trocken schütteln, Blätter abzupfen und fein hacken, Schnittlauch in Röllchen schneiden. Den Knoblauch schälen und in feine Würfel schneiden. Brot im Blitzhacker portionsweise fein mahlen.

Brösel mit Kräutern, Knoblauch, geriebenem Käse und dem Öl mischen. Kürbiskerne grob hacken und untermischen. Die Gratiniermasse mit Pfeffer würzen.

Möhren und Kohlrabi putzen, schälen und in dicke Stifte schneiden. Den Lauch putzen, waschen und in dicke Ringe teilen. Die Champignons putzen, trocken abreiben und in Scheiben schneiden.

In einem Topf mit Dämpfeinsatz Möhren und Kohlrabi über kochendem Wasser etwa 10 Minuten bissfest dämpfen. Anschließend Lauch und Erbsen etwa 8 Minuten dämpfen, die Champignons in den letzten 2 Minuten mitgaren.

Den Backofen auf 200 °C (Ober-/Unterhitze) vorheizen. In einer Auflaufform das heiße Gemüse mit dem Frischkäse mischen und mit Salz und Pfeffer würzen. Die Gratiniermasse auf dem Gemüse verteilen und das Gemüse im Ofen auf der mittleren Schiene etwa 15 Minuten gratinieren.

Apotheken Umschau Wer Gemüse aus Bio-Anbau kauft, kann das nährstoffreiche Kohlrabigrün mitverwenden. Gehackt würzt es die Kruste. Ganze Blätter wie Blattgemüse einfach mitdämpfen.

Pro Person:
ca. 497 kcal

PENNE MIT ORANGEN-RADICCHIO

Für 4 Personen
Zubereitung: ca. 30 Min.

1 Zwiebel
1 Knoblauchzehe
1 Bio-Orange
400 g Radicchio
4 Stiele Basilikum
40 g Parmesan (am Stück)
320 g Penne (Röhrennudeln)
Salz
2 EL Olivenöl
Pfeffer aus der Mühle
1–2 Prisen Zucker
1 Msp. Zimtpulver
100 g Pistazien (gesalzen, mit Schale)

Pro Person: ca. 467 kcal, 16 g EW, 17 g Fett, 61 g KH, 6 g BS

Die Zwiebel und den Knoblauch schälen und in feine Würfel schneiden. Die Orange heiß waschen und trocken reiben. Von einer Hälfte die Schale fein abreiben, Saft aus beiden Hälften auspressen.

Den Radicchio vom Strunk befreien, Blätter waschen, trocken schleudern und in kleine Streifen schneiden. Basilikum waschen und trocken tupfen, Blätter abzupfen. Parmesan in Späne hobeln.

Die Nudeln nach Packungsanweisung in kochendem Salzwasser bissfest garen. Dann in ein Sieb abgießen und abtropfen lassen.

Inzwischen Zwiebel und Knoblauch im Olivenöl in einer Pfanne andünsten. Radicchio-Blätter dazugeben, 2 bis 3 Minuten zusammenfallen lassen. Orangensaft und -schale hinzufügen. Mit Salz, Pfeffer, 1 bis 2 Prisen Zucker und Zimt würzen.

Von den Pistazienkernen die Schale entfernen, mit dem Orangen-Radicchio unter die gegarten Nudeln mischen. Mit Basilikum und Parmesanspänen garniert anrichten.

Apotheken Umschau Der bittere Geschmack von Radicchio ist nicht jedermanns Sache. Die meisten Bitterstoffe sitzen außer im harten Strunk vor allem in den Blattrippen – wer es also etwas milder mag, schneidet diese einfach heraus.

Pro Person:
ca. 467 kcal

KÜRBIS-SCHLUTZKRAPFEN MIT KERNÖL

Für 4 Personen
Zubereitung: ca. 1 Std.
plus 1 Std. Kühlzeit

100 ml Milch
3 EL Butter
125 g Roggenmehl (Type 1150)
200 g Weizenmehl (Type 405)
2 Eier, Salz
400 g Muskatkürbis-Fruchtfleisch
1 Zwiebel
frisch geriebene Muskatnuss
Chilipulver
Pfeffer aus der Mühle
Mehl für die Arbeitsfläche
4 TL Schnittlauchröllchen
1 EL Kürbiskernöl
30 g Parmesan (am Stück)

Pro Person: ca. 485 kcal, 16 g EW, 18 g Fett, 45 g KH, 5 g BS

Die Milch in einem kleinen Topf lauwarm erhitzen, 1 EL Butter darin schmelzen. Mit beiden Mehlsorten, Eiern und ½ TL Salz zu einem glatten Teig verarbeiten. Zu einer Kugel formen und in Frischhaltefolie gewickelt etwa 1 Stunde kühl stellen.

Das Kürbisfruchtfleisch in kleine Würfel schneiden. Die Zwiebel schälen und in feine Würfel schneiden. Beides in einer Pfanne in 1 EL Butter andünsten, dann etwa 10 Minuten garen. Bei Bedarf esslöffelweise Wasser hinzufügen.

Den Kürbis leicht zerdrücken. Mit 1 Prise Muskatnuss, 1 Prise Chilipulver, Pfeffer und Salz kräftig würzen.

Nudelteig auf der bemehlten Arbeitsfläche dünn ausrollen. Etwa 40 Kreise (à 5 bis 6 cm Durchmesser) ausstechen. Je 1 TL Kürbisfüllung daraufgeben, Ränder mit Wasser bestreichen, zusammenklappen und die Ränder am besten mit einer Gabel fest andrücken.

Die Schlutzkrapfen portionsweise in kochendem Salzwasser etwa 6 Minuten gar ziehen lassen. Mit dem Schaumlöffel herausheben und abtropfen lassen.

Restliche Butter in einer großen Pfanne zerlassen. Die Schlutzkrapfen kurz darin schwenken, auf Tellern anrichten und mit Salz, Pfeffer und Schnittlauch bestreuen. Das Kürbiskernöl darüberträufeln und mit gehobeltem Parmesan servieren.

Apotheken Umschau Kürbiskernöl hat viele Vorteile gegenüber anderen Ölen: Dazu zählen eine cholesterinsenkende und entzündungshemmende Wirkung. Darüber hinaus wird dem Öl ein blasenstärkender Effekt zugeschrieben.

Pro Person:
ca. 485 kcal

SÜßE MÖHRENMUFFINS

Für 12 Stück
Zubereitung: ca. 20 Min. plus ca. 25 Min. Backzeit

Öl für das Muffinblech
300 g Möhren
4 Eier
125 g Zucker
75 g Walnusskerne
1 EL Zitronensaft
150 g Vollkornmehl
1 Päckchen Backpulver
½ TL Zimtpulver
125 g Buttermilch

Pro Person: ca. 161 kcal, 6 g EW, 6 g Fett, 20 g KH, 3 g BS

Den Backofen auf 180 °C (Ober-/Unterhitze) vorheizen. Die Mulden eines Muffinblechs einfetten. Die Möhren putzen, schälen und fein reiben. Die Eier trennen. Eigelbe mit dem Zucker in einer Rührschüssel schaumig rühren.

Die Walnüsse sehr fein hacken, mit Zitronensaft, Mehl, Backpulver, Zimt und Buttermilch unter die Eigelbcreme mischen. Dann die Möhrenrapsel untermischen.

Die Eiweiße zu steifem Schnee schlagen und vorsichtig unter den Teig heben. Auf die Mulden des Muffinblechs verteilen und im Ofen auf der mittleren Schiene etwa 25 Minuten backen.

APOTHEKEN Umschau Werden Möhren gekocht oder gebacken, kann der Körper das enthaltene Betacarotin besser verwerten.

Pro Person:
ca. 161 kcal

WINTER

Saisongemüse: Bohnen, Feldsalat, Knollensellerie, Pastinaken, Rosenkohl, Rote Bete, Rotkohl

Saisonobst: Äpfel, Birnen

ROTE-LINSEN-SUPPE

Für 4 Personen
Zubereitung: ca. 45 Min.

1 Zwiebel
1 Knoblauchzehe
ca. 25 g Ingwer
150 g rote Linsen
½ Bund Koriandergrün
1 EL Kokosöl
1 EL Currypulver
1 Msp. Cayennepfeffer
1 Dose gehackte Tomaten
(240 g Abtropfgewicht)
Salz, Pfeffer aus der Mühle
400 ml Kokosmilch
(aus der Dose)

Pro Person: ca. 406 kcal,
13 g EW, 25 g Fett, 28 g KH,
4 g BS

Die Zwiebel, den Knoblauch und den Ingwer schälen und in feine Würfel schneiden. Die Linsen in einem Sieb mit kaltem Wasser abbrausen und abtropfen lassen. Koriander waschen und trocken schütteln, die Blättchen abzupfen und 3 bis 4 Stiele fein hacken.

Das Kokosöl in einem Topf erhitzen. Zwiebel, Knoblauch, Ingwer und Korianderstiele darin andünsten. Die Linsen sowie Currypulver und Cayennepfeffer unterrühren und kurz mitdünsten. Dann die Tomaten und ½ l Wasser hinzufügen. Mit Salz und Pfeffer nach Belieben würzen und die Suppe 20 bis 25 Minuten köcheln lassen.

Die Kokosmilch glatt rühren und 4 EL davon beiseitestellen. Den Rest zur Suppe geben und heiß werden lassen. Die Suppe nach Bedarf etwas nachwürzen.

Rote-Linsen-Suppe in Schalen anrichten, mit jeweils 1 EL Kokosmilch und einigen Korianderblättchen garnieren.

Apotheken Umschau Dosentomaten sind nicht unbedingt ungesünder als frische. Sie enthalten zum Beispiel sogar mehr Lycopin. Es zählt zu den sogenannten Antioxidantien und soll freie Radikale im Körper unschädlich machen.

Pro Person:
ca. 406 kcal

SPINATSCHNECKEN MIT FETA

Für 4 Personen
Zubereitung: ca. 25 Min. plus 30 Min. Ruhezeit und ca. 30 Min. Backzeit

400 g Mehl
Salz
5 EL Rapsöl
Öl zum Bestreichen
600 g Blattspinat
150 g Feta (Schafskäse)
Mehl für die Arbeitsfläche
2 TL helle Sesamsamen

Pro Person: ca. 543 kcal, 21 g EW, 18 g Fett, 72 g KH, 8 g BS

Das Mehl mit 1 TL Salz, dem Öl und ¼ l lauwarmem Wasser zu einem glatten Teig verkneten. Zu 4 Kugeln formen, mit Öl einstreichen und zugedeckt mindestens 30 Minuten ruhen lassen.

Den Spinat verlesen, waschen und trocken schleudern, grobe Stiele entfernen. Spinat grob hacken und in wenig Wasser bei mittlerer Hitze zusammenfallen lassen. In einem Sieb abtropfen lassen und mit Salz würzen. Feta mit den Fingern zerkrümeln.

Den Backofen auf 220 °C (Ober-/Unterhitze) vorheizen. Ein Backblech mit Backpapier belegen.

Eine Teigkugel auf der leicht bemehlten Arbeitsfläche sehr dünn ausrollen und danach an allen Enden mit den Fingern nochmals dünn ausziehen. Den Teig auf ein großes Küchentuch geben.

Je ein Viertel des Fetas und des Spinats gleichmäßig darauf verteilen. Den Teig durch leichtes Anheben des Tuchs erst von links, dann von rechts zu einem dünnen Strang zusammenrollen. Zu einer Schnecke drehen. Mit etwas Öl bestreichen und mit ½ TL Sesam bestreuen.

Die übrigen 3 Teigkugeln ebenso ausziehen, füllen und zu Schnecken formen. Die Spinatschnecken auf das Blech legen und im Ofen auf der mittleren Schiene etwa 30 Minuten backen, dabei nach 15 Minuten die Temperatur auf 180 °C reduzieren.

Apotheken Umschau Spinat ist vor allem für seinen vermeintlich hohen Eisengehalt berühmt. Doch mit sagenhaften 800 Mikrogramm pro 100 Gramm gehört das Gemüse vor allem zu den besten Quellen für Vitamin A.
Der Stoff spielt eine entscheidende Rolle für gutes Sehen und gesunde Haut.

Pro Person:
ca. 543 kcal

FRUCHTIGER ROTKOHLSALAT MIT BIRNEN UND WALNÜSSEN

Für 4 Personen
Zubereitung: ca. 30 Min.

400 g Rotkohl
150 ml dunkler Traubensaft
2 EL Aceto balsamico
2 kleine feste Birnen
100 g helle, kernlose Trauben
Salz, Pfeffer aus der Mühle
Nelkenpulver
Zimtpulver
50 g Walnusskerne

Pro Person: ca. 168 kcal, 4 g EW, 8 g Fett, 20 g KH, 5 g BS

Den Rotkohl putzen, waschen, vierteln und den harten Strunk entfernen. Viertel sehr fein hacken und in eine Schüssel geben. Traubensaft mit Essig erhitzen und kochend heiß über den Rotkohl geben. Abkühlen lassen.

Die Birnen waschen, vierteln und entkernen. Die Birnenviertel in mittelgroße Würfel schneiden. Die Trauben waschen, halbieren und mit den Birnenstücken unter den abgekühlten Rotkohl geben. Salat mit Salz, Pfeffer sowie wenig Nelken- und Zimtpulver würzen.

Die Walnüsse grob hacken, kurz in einer Pfanne ohne Fett rösten und unter den Salat heben.

Apotheken Umschau Rotkohl ist ein ideales Lebensmittel für alle, die zu Verstopfungen neigen. Denn mit seinen vielen Ballaststoffen regt er die Darmtätigkeit an.

ROSENKOHL-PASTETCHEN

Für 4 Personen
Zubereitung: ca. 40 Min.

Öl für das Muffinblech
4 Blätter Yufka- oder Filoteig (aus dem Kühlregal, à 25 g)
400 g Rosenkohl
Salz, Pfeffer aus der Mühle
1 Msp. frisch geriebene Muskatnuss
80 g Blauschimmelkäse (z.B. Gorgonzola, Roquefort)
2 EL Olivenöl
40 g Pinienkerne

Pro Person: ca. 377 kcal, 13 g EW, 22 g Fett, 19 g KH, 4 g BS

Den Backofen auf 180 °C (Unter-/Oberhitze) vorheizen. Acht Mulden eines Muffinblechs mit wenig Öl einpinseln.

Den Teig aus dem Kühlschrank nehmen. Rosenkohl putzen, waschen und in wenig kochendem Salzwasser etwa 10 Minuten bissfest garen. Abgießen, mit Pfeffer und Muskatnuss würzen. Käse zerbröckeln und mit dem Rosenkohl mischen.

Die Teigblätter in jeweils 4 Quadrate schneiden. Je 2 Teigstücke versetzt übereinander in die Mulden legen. Olivenöl mit etwas Wasser mischen und die Teigblätter damit bepinseln. Rosenkohlfüllung darauf verteilen und mit den Pinienkernen bestreuen. Teigblätter ein wenig über der Füllung zusammenschlagen. Pastetchen im Ofen auf der mittleren Schiene etwa 20 Minuten backen.

Apotheken Umschau Rosenkohl nach dem Einkauf rasch verwerten. Bereits nach vier Tagen im Kühlschrank sind über die Hälfte des enthaltenen Vitamin C verloren gegangen.

ZWIEBELSUPPE MIT KNOBLAUCH-CROÛTONS

Für 4 Personen
Zubereitung: ca. 30 Min.

750 g Gemüsezwiebeln
1 große Möhre
3 TL Rapsöl
1 l Gemüsebrühe
4 Liebstöckelblätter
Salz, Pfeffer aus der Mühle
frisch geriebene Muskatnuss
etwas getrockneter Thymian
1 große Knoblauchzehe
2 Scheiben Weißbrot
100 g Parmesan (am Stück)

Pro Person: ca. 236 kcal, 14 g EW, 12 g Fett, 19 g KH, 6 g BS

Die Zwiebeln und die Möhre schälen und in feine Würfel schneiden. In einem Topf 2 TL Öl erhitzen, Zwiebeln und Möhre darin andünsten. Mit der Brühe ablöschen.

Liebstöckel waschen, klein hacken, mit Salz, Pfeffer, wenig Muskatnuss und dem Thymian zur Suppe geben und diese bei mittlerer Hitze 20 Minuten garen.

Den Knoblauch schälen, in feine Würfel schneiden und in einer Pfanne im restlichen Öl bei mittlerer Hitze andünsten. Das Brot in Würfel schneiden und in der Pfanne im Knoblauchöl unter ständigem Wenden goldbraun rösten. Parmesan reiben.

Die Zwiebelsuppe auf Teller verteilen, mit Parmesan und Knoblauch-Croûtons bestreut servieren.

Apotheken Umschau Gerade für Personen, die von Diabetes oder Prädiabetes betroffen sind, ist der regelmäßige Verzehr von Zwiebeln ratsam, da diese helfen können, den Blutzuckerspiegel stabil zu halten. Zwiebeln enthalten spezifische Verbindungen wie Quercetin und Schwefelverbindungen, welche antidiabetische Wirkungen haben.

Pro Person:
ca. 236 kcal

NUDELSUPPE MIT INGWER UND SPITZKOHL

Für 4 Personen
Zubereitung: ca. 30 Min.

4 Eier
4 EL helle Sesamsamen
400 g Spitzkohl
1 Bund Frühlingszwiebeln
20 g Ingwer
1 EL Sesamöl
2 l Gemüsebrühe
150 g Mie-Nudeln (Asia-Abteilung)
Pfeffer aus der Mühle
Sojasaue

Pro Person: ca. 346 kcal, 18 g EW, 15 g Fett, 35 g KH, 7 g BS

Die Eier 10 Minuten hart kochen. Den Sesam in einer Pfanne ohne Fett goldgelb rösten.

Den Spitzkohl putzen und trockene äußere Blätter abtrennen. Kohl halbieren, den Strunk herausschneiden und Hälften in möglichst dünne Streifen schneiden. Die Frühlingszwiebeln putzen, waschen und in feine Ringe schneiden. Ingwer schälen und fein hacken.

Die Kohlstreifen in einem Topf im Öl andünsten und mit der Brühe ablöschen. Bei mittlerer Hitze 10 Minuten garen, nach 5 Minuten Nudeln, Ingwer und Frühlingszwiebeln (einen Teil der Röllchen für die Deko beiseitelegen) dazugeben und mitgaren. Die Nudelsuppe mit Pfeffer und Sojasauce würzen.

Die gekochten Eier pellen und halbieren. Die Suppe mit den Eierhälften in Schälchen anrichten, mit geröstetem Sesam und Frühlingszwiebelröllchen bestreuen.

APOTHEKEN Umschau Mie-Nudeln kommen aus der ostasiatischen Küche und sind eine super Abwechslung zur klassischen Pasta. Sie bestehen vor allem aus Weizenmehl, Wasser und Salz. Es gibt auch Varianten mit Ei.

Pro Person:
ca. 346 kcal

WINTERSALAT MIT LINSEN UND KÜRBIS

Für 4 Personen
Zubereitung: ca. 35 Min.

100 g Beluga-Linsen
½ l Gemüsebrühe
25 g Kürbiskerne
500 g Hokkaidokürbis-Fuchtfleisch
2 EL Rapsöl
Salz, Pfeffer aus der Mühle
50 g getrocknete Tomaten (in Öl)
½ Bund Frühlingszwiebeln
150 g Blattsalate (z.B. roter Eichblattsalat, Römersalat, Feldsalat)
3 TL Aceto balsamico
1 EL Kürbiskernöl
1 TL brauner Zucker

Pro Person: ca. 245 kcal, 10 g EW, 13 g Fett, 15 g KH, 9 g BS

Die Linsen in der kochenden Brühe 20 bis 25 Minuten bissfest garen. In ein Sieb abgießen, abtropfen und abkühlen lassen.

Die Kürbiskerne in einer Pfanne ohne Fett rösten und grob hacken. Das Kürbisfruchtfleisch in mundgerechte Stücke schneiden, in 1 EL Rapsöl anbraten und zugedeckt etwa 5 Minuten bissfest dünsten. Mit Salz und Pfeffer würzen. Die Tomaten hacken und mit dem Kürbis mischen.

Die Frühlingszwiebeln putzen, waschen und in feine Ringe schneiden. Blattsalate verlesen, waschen, trocken schleudern und in mundgerechte Stücke zupfen.

Blattsalate, Linsen und Kürbisgemüse auf Tellern anrichten. Essig mit dem Kürbiskernöl, dem übrigen Rapsöl, Zucker, Salz und Pfeffer zu einer Marinade verrühren. Die Kürbiskerne untermischen und die Marinade über den Salat träufeln.

APOTHEKEN Umschau Eisbergsalat ist hierzulande eine der beliebtesten Salatsorten – aber auch eine der nährstoffärmsten. Eine gesündere Blattsalat-Auswahl treffen Sie zum Beispiel mit Endivien-, Römer- oder Feldsalat.

Pro Person:
ca. 245 kcal

BROT-GEMÜSE-MUFFINS

Für 8 Muffins
Zubereitung: ca. 30 Min. plus ca. 30 Min. Backzeit

Öl für das Muffinblech
100 g altbackenes Brot (am besten Vollkorn)
350 g Gemüsereste (roh oder gegart)
1 Zwiebel
1 Knoblauchzehe
1 EL Rapsöl
getrockneter Majoran und Thymian
4 Eier
200 ml Milch (1,5 % Fett)
1 TL gekörnte Gemüsebrühe
Salz, Pfeffer aus der Mühle
frisch geriebene Muskatnuss
50 g Parmesan (am Stück)

Pro Stück: ca. 131 kcal, 9 g EW, 7 g Fett, 9 g KH, 3 g BS

Den Backofen auf 180 °C (Ober-/Unterhitze) vorheizen. 8 Mulden eines Muffinblechs mit Öl einpinseln.

Das Brot, rohes und gegartes Gemüse getrennt in kleine Würfel schneiden. Brot und gegartes Gemüse in eine Schüssel geben.

Zwiebel und Knoblauch schälen, in feine Würfel schneiden und kurz in Öl dünsten. Rohes Gemüse dazugeben. Bei mittlerer Hitze unter ständigem Rühren garen, bis es weich ist. Bei Bedarf etwas Wasser angießen. Mit Kräutern würzen, zum gegarten Gemüse und Brot in die Schüssel geben.

Alles mit Eiern, Milch und Brühe verrühren, mit Salz, Pfeffer und Muskatnuss kräftig würzen. Die Masse in die gefetteten Mulden des Muffinblechs füllen und mit einem Löffel andrücken. Parmesan grob reiben, Muffins damit bestreuen und im Ofen auf der mittleren Schiene etwa 30 Minuten backen.

Apotheken Umschau Getrocknete Kräuter verlieren mit der Zeit an ätherischen Ölen und Aromen. Am besten luft- und lichtgeschützt lagern – also keinesfalls über dem Herd, wo beim Kochen Dämpfe aufsteigen.

Pro Stück:
ca. 131 kcal

SÜẞKARTOFFEL-INGWER-SUPPE

Für 4 Personen
Zubereitung: ca. 35 Min.

75 g Ingwer
1 Knoblauchzehe
1 Stange Lauch
750 g Süßkartoffeln
1 Bio-Orange
2 EL Olivenöl
600–700 ml Gemüsebrühe
150 g Kochsahne (15 % Fett)
Salz, Pfeffer aus der Mühle
1 Bund Petersilie
40 g gesalzene, geröstete Erdnusskerne

Pro Person: ca. 345 kcal, 8 g EW, 15 g Fett, 40 g KH, 7 g BS

Den Ingwer und den Knoblauch schälen und in feine Würfel schneiden. Den Lauch putzen, waschen, weiße und grüne Abschnitte getrennt in dünne Ringe schneiden. Die Süßkartoffeln schälen und in grobe Stücke schneiden. Die Orange heiß waschen und trocken reiben, die Schale fein abreiben und den Saft auspressen.

Das Olivenöl in einem Topf erhitzen, Ingwer, Knoblauch und die weißen Lauchringe darin andünsten. Die Süßkartoffeln hinzufügen und 2 bis 3 Minuten mitdünsten. Die grünen Lauchringe dazugeben, die Brühe angießen und alles etwa 15 Minuten zugedeckt köcheln lassen.

Die Suppe mit dem Stabmixer fein pürieren. Kochsahne und Orangensaft angießen, noch einmal heiß werden lassen. Suppe mit Salz und Pfeffer würzen.

Die Petersilie waschen und trocken schütteln, die Blätter abzupfen und mit den Erdnüssen im Blitzhacker grob zerkleinern. Die Orangenschale untermischen.

Die Süßkartoffel-Ingwer-Suppe in tiefen Tellern oder Schälchen anrichten und mit dem Petersilien-Erdnuss-Mix garnieren.

Apotheken Umschau Ingwer liegt seit Jahren im Trend, auch weil ihm so viele Heilwirkungen zugeschrieben werden. Bewiesen ist allerdings längst nicht alles, was man über ihn lesen kann. Auf jeden Fall regt Ingwer die Verdauung an und hilft gegen Übelkeit, etwa auf Reisen.

Pro Person:
ca. 345 kcal

WARMER MÖHRENSALAT MIT FEIGEN

Für 4 Personen
Zubereitung: ca. 35 Min.

2 EL helle Sesamsamen
4 Äpfel
2 EL Walnussöl
1 TL mittelscharfer Senf
1 EL Zitronensaft
8 getrocknete Feigen
6 Möhren
200 ml Apfelsaft
1 Bund Minze
¼ TL mildes Currypulver
Salz, Pfeffer aus der Mühle

Pro Person: ca. 294 kcal, 5 g EW, 9 g Fett, 46 g KH, 12 g BS

Den Sesam in einer Pfanne ohne Fett kurz rösten. Die Äpfel waschen, vierteln und entkernen. Die Apfelviertel fein reiben, mit Öl, Senf und Zitronensaft verrühren.

Die Feigen in kleine Stücke schneiden. Die Möhren putzen, schälen und grob reiben. Mit den Feigen in kochendem Saft kurz erhitzen, dann in eine Schüssel füllen.

Die Minze waschen und trocken schütteln, die Blätter abzupfen und fein hacken. Mit den Äpfeln zu den Möhren in die Schüssel geben.

Den Möhrensalat mit Curry, Salz und Pfeffer würzen und noch warm mit Sesam bestreut servieren.

Apotheken Umschau Walnussöl gilt als sehr hochwertiges und gesundes Speiseöl. Damit seine wertvollen Inhaltsstoffe erhalten bleiben, sollte es jedoch nicht erhitzt, sondern nur für die kalte Küche verwendet werden.

FRUCHTIGER WINTERSALAT

Für 2 Personen
Zubereitung: ca. 25 Min.

25 g Walnusskerne
250 g Rote Beten
1 Möhre (ca. 150 g)
1 Apfel (ca. 125 g)
2 EL Aceto balsamico
3 EL Apfelsaft
1 TL Senf
1 EL Rapsöl
Salz, Pfeffer aus der Mühle
80 g Feldsalat
2 Frühlingszwiebeln
100 g rote Trauben
125 g Camembert (fettreduziert; 30 % Fett i.Tr.)

Pro Person: ca. 414 kcal, 57 g EW, 23g Fett, 27 g KH, 7 g BS

Die Nüsse in einer Pfanne ohne Fett anrösten. Rote Beten und Möhre schälen, den Apfel waschen, vierteln und entkernen. Alles grob raspeln.

Essig, Saft, Senf und Öl zu einem Dressing verrühren, mit Salz und Pfeffer würzen. Mit der Rohkost vermischen und den Salat 15 Minuten ziehen lassen.

Den Feldsalat verlesen, waschen und trocken schleudern. Mit der marinierten Rohkost auf zwei Teller verteilen. Die Frühlingszwiebeln putzen, waschen, in feine Ringe schneiden und darüberstreuen.

Die Trauben waschen und halbieren, den Käse in Würfel oder dünne Scheiben schneiden. Beides mit den gerösteten Nüssen auf dem Salat verteilen.

Apotheken Umschau Feldsalat gilt als der gesündeste Blattsalat. Er ist besonders reich an Provitamin A und Vitamin C. Auch der Eisenanteil ist höher als in anderen Salaten.

ROSENKOHL-TARTE

Für 4 Personen
Zubereitung: ca. 20 Min. plus ca. 30 Min. Kühlzeit und ca. 50 Min. Backzeit

Für die Tarte:
180 g Mehl (Type 1050)
120 g Speisequark (10 % Fett)
100 g Joghurtbutter (65 % Fett)
Salz
500 g Rosenkohl
120 g saure Sahne
3 Eier
40 g Edelpilzkäse (50 % Fett, z.B. Roquefort)
1 Msp. Chiliflocken
1 EL Mandelblättchen

Außerdem:
Mehl für die Arbeitsfläche
ca. 250 g getrocknete Hülsenfrüchte zum Blindbacken

Pro Person: ca. 338 kcal, 23 g EW, 25 g Fett, 40 g KH, 7 g BS

Für die Tarte Mehl mit Quark, Butter und 1 Prise Salz zu einem Teig verkneten. In Frischhaltefolie wickeln und 30 Minuten kühl stellen.

Den Backofen auf 180 °C (Ober-/Unterhitze) vorheizen. Eine Tarteform (etwa 35×11 cm) mit Backpapier auslegen.

Den Teig auf der bemehlten Arbeitsfläche zu einem Rechteck ausrollen, das etwas größer als die Backform ist. In die mit Backpapier ausgelegte Form geben, dabei ringsum einen kleinen Rand hochziehen. Teig mit Backpapier bedecken, Hülsenfrüchte darauflegen und den Teig im Ofen auf der mittleren Schiene etwa 20 Minuten blind backen. Hülsenfrüchte und Backpapier entfernen.

Rosenkohl putzen, waschen und große Exemplare nach Belieben halbieren. In kochendem Salzwasser etwa 7 Minuten bissfest garen, in ein Sieb abgießen und abtropfen lassen.

Saure Sahne und Eier verquirlen, Käse zerbröckeln und unterheben. Mit Salz und Chili würzen.

Rosenkohl auf dem Teig verteilen. Den Eierguss darübergießen. Tarte auf der mittleren Schiene etwa 30 Minuten fertig backen, dabei 15 Minuten vor Ende der Backzeit mit Mandelblättchen bestreuen.

Apotheken Umschau Sie sind kein Rosenkohl-Fan? Vielleicht kann Sie diese Aufzählung überzeugen: Vitamine A, B1, B2, B6, C, E, K und Folsäure sowie Kalzium, Eisen, Magnesium und Kalium, dazu noch Eiweiß. Steckt alles drin in den kleinen Kraftpaketen.

Pro Person:
ca. 338 kcal

GEFÜLLTE AUBERGINEN

Für 4 Personen
Zubereitung: ca. 20 Min. plus ca. 20 Min. Backzeit

2 kleine Auberginen
Salz
je 1 grüne, rote und orangefarbene Paprikaschote
1 TL Olivenöl
4 Zweige Thymian
100 g Kichererbsen (aus der Dose)
4 EL Ajvar
Pfeffer aus der Mühle
50 g Parmesan (am Stück)

Pro Person: ca. 137 kcal, 9 g EW, 6 g Fett, 11 g KH, 9 g BS

Den Backofen auf 180 °C (Ober-/Unterhitze) vorheizen. Die Auberginen putzen, waschen und längs halbieren. Die Hälften ringsum so einschneiden, dass das Fruchtfleisch bis auf einen schmalen Rand mit einem Löffel herausgetrennt werden kann. Auberginenhälften sorgfältig aushöhlen, das herausgelöste Fruchtfleisch klein schneiden. Ausgehöhlte Auberginenhälften in kochendem Salzwasser 5 Minuten garen.

Die Paprika längs halbieren, entkernen, waschen und in kleine Würfel schneiden. Paprika und Auberginenfleisch in einer Pfanne im Olivenöl dünsten. Thymian waschen und trocken tupfen, die Blättchen abzupfen und unter das Gemüse geben.

Die Kichererbsen in einem Sieb abtropfen lassen, mit dem Gemüse und dem Ajvar mischen, mit Salz und Pfeffer würzen und in die Auberginenhälften füllen.

Auberginen in eine Auflaufform setzen. Parmesan fein reiben und über die gefüllten Auberginen streuen. Auberginen im Ofen auf der mittleren Schiene etwa 20 Minuten überbacken.

Apotheken Umschau Da Kichererbsen besonders hochwertige pflanzliche Proteine, Eisen, B-Vitamine und Kalzium enthalten, eigenen sie sich hervorragend als Fleischersatz. Mit rund 20 Gramm Eiweiß pro 100 Gramm stehen sie den typischen tierischen Eiweißquellen in nichts nach.

Pro Person:
ca. 137 kcal

ROTE-BETE-TARTE MIT SCHAFSKÄSE UND WALNÜSSEN

Für 8 Stücke (1 Tarteform, 26 cm Durchmesser)
Zubereitung: ca. 10 Min. plus ca. 35 Min. Backzeit

Öl für die Form
270 g runder Tarteteig (aus dem Kühlregal)
125 g Crème fraîche (15 % Fett)
3 Eier
Salz, Pfeffer aus der Mühle
1 TL Meerrettich (aus dem Glas)
je 2 Zweige Rosmarin und Thymian
½ Bund Frühlingszwiebeln
1 kg Rote Beten (vorgegart, vakuumiert)
40 g Walnusskerne
150 g Feta (9 % Fett i.Tr.)

Pro Stück: ca. 292 kcal, 11 g EW, 17 g Fett, 22 g KH, 4 g BS

Den Backofen auf 200 °C (Ober-/Unterhitze) vorheizen. Die Tarteform mit Öl einpinseln. Den Teig aus dem Kühlschrank nehmen, entrollen und in die Form legen, dabei einen Rand formen.

Crème fraîche und Eier verrühren. Mit Salz, Pfeffer und Meerrettich kräftig würzen. Rosmarin und Thymian waschen und trocken tupfen, die Nadeln bzw. Blättchen abzupfen und grob hacken. Die Frühlingszwiebeln putzen, waschen und in Ringe schneiden. Alles unter die Eiercreme mischen.

Eiercreme auf den Teig geben. Rote Beten in Spalten schneiden und darauf verteilen. Walnüsse grob hacken und darüberstreuen, Feta darüberbröckeln. Die Tarte im Ofen auf der mittleren Schiene etwa 35 Minuten backen.

Apotheken Umschau Ein Grund für die Gesundheitswirkung von Roter Bete soll Nitrat sein, das in nennenswerter Menge in den Rüben steckt. Es wird im Körper zu Nitrit umgewandelt, wo es dabei hilft, die Gefäße zu weiten. Dadurch wird der Blutdruck gesenkt und Blutfluss sowie Sauerstoffversorgung werden verbessert.
Doch Vorsicht: Nimmt man eine sehr hohe Menge Nitrat zu sich, kann das auch schädlich sein.

Pro Stück:
ca. 292 kcal

TOMATEN-BUCHWEIZEN-PFANNKUCHEN MIT GRÜNEM HUMMUS

Für 4 Personen
Zubereitung: ca. 40 Min.

2 Eier
¼ l Milch (1,5 % Fett)
200 g Buchweizenmehl
2 Tomaten
2 EL Tomatenmark
Salz
1 TL getrockneter Thymian
300 g Kichererbsen (aus der Dose)
100 g Rucola
2 Knoblauchzehen
50 g Sesampaste (Tahin)
50 ml Zitronensaft
50 ml Gemüsebrühe
Paprikapulver (edelsüß)
gemahlener Kreuzkümmel
2 EL Rapsöl

Pro Person: ca. 484 kcal, 18 g EW, 18 g Fett, 62 g KH, 11 g BS

Die Eier mit Milch und Buchweizenmehl verrühren. Die Tomaten waschen, vierteln und die Stielansätze entfernen, Viertel klein schneiden. Mit Tomatenmark unter den Teig geben und diesen fein pürieren. Mit Salz und Thymian würzen und 15 Minuten quellen lassen.

Die Kichererbsen in einem Sieb abtropfen lassen. Rucola verlesen, waschen und trocken schleudern, grobe Stiele entfernen. Knoblauch schälen und in feine Würfel schneiden. Mit Kichererbsen, Sesampaste, Zitronensaft und Rucola pürieren. Falls das Püree zu fest sein sollte, etwas Brühe unterrühren. Hummus mit Salz, Paprikapulver und Kreuzkümmel pikant würzen.

Den Backofen auf 80 °C vorheizen. Aus etwas Buchweizenteig in einer Pfanne in wenig Öl einen Pfannkuchen ausbacken, dabei einmal wenden. Im Ofen warm halten. Auf diese Weise aus dem Teig insgesamt 8 Pfannkuchen backen. Mit dem grünen Hummus servieren.

APOTHEKEN Umschau Buchweizenmehl eignet sich auch für Menschen mit Gluten-Unverträglichkeit, denn es enthält kein Klebereiweiß (Gluten).

Pro Person:
ca. 484 kcal

ROTE-BETE-KICHERERBSEN-CURRY MIT DUFTREIS

Für 4 Personen
Zubereitung: ca. 40 Min.

800 g Rote Beten
1 Zwiebel
1 Knoblauchzehe
ca. 5 g Ingwer
2 EL Rapsöl
2 TL gemahlener Kreuzkümmel
1–2 Prisen Cayennepfeffer
300 ml kräftige Gemüsebrühe
175 g Vollkorn-Duftreis
Salz
½ Bund Koriandergrün
1 Glas Kichererbsen (gegart, 350 g Abtropfgewicht)
200 ml leichte Kokosmilch (12 % Fett)
Zitronensaft

Pro Person: ca. 460 kcal, 13 g EW, 15 g Fett, 62 g KH, 11 g BS

Die Roten Beten schälen und in mundgerechte Würfel schneiden. Zwiebel und Knoblauch schälen und in feine Würfel schneiden. Den Ingwer schälen und fein hacken.

Das Öl in einem Topf erhitzen. Zwiebel, Knoblauch und Ingwer darin kurz andünsten. Rote-Bete-Würfel hinzufügen, mit Kreuzkümmel und Cayennepfeffer bestäuben und etwa 4 Minuten mitdünsten. Die Brühe angießen und die Roten Beten zugedeckt 15 bis 20 Minuten bissfest garen.

Den Reis nach Packungsanweisung in Salzwasser garen. Den Koriander waschen und trocken schütteln, die Blättchen abzupfen und grob hacken.

Die Kichererbsen in einem Sieb abtropfen lassen, mit der Kokosmilch zu den Roten Beten geben, heiß werden und etwa 5 Minuten einköcheln lassen. Mit Salz und 1 bis 2 Spritzern Zitronensaft abschmecken.

Das Rote-Bete-Kichererbsen-Curry mit dem Duftreis auf Tellern anrichten und mit Koriander bestreut servieren.

Apotheken Umschau Ihre starke rötlich-lila Farbe verdankt Rote Bete dem Glykosid Betanin („Betenrot“). Glykoside gehören zu den sekundären Pflanzenstoffen. Diese haben zahlreiche schützende Funktionen. Sie sind antioxidativ, entzündungshemmend und antibakteriell, wirken positiv auf das Immunsystem und sogar vor einigen Krebserkrankungen sollen sie schützen.

Pro Person:
ca. 460 kcal

ROSENKOHL-ROTE-BETE-AUFLAUF

Für 4 Personen
Zubereitung: ca. 15 Min. plus ca. 50 Min. Backzeit

500 g Rosenkohl
400 g Rote Beten
500 g Süßkartoffeln
4 TL Olivenöl
Salz, Pfeffer aus der Mühle
3 Eier
125 ml Milch (1,5 % Fett)
1–2 Msp. Cayennepfeffer
125 g Feta (Schafskäse; 9 % Fett i.Tr.)
½ Bund Petersilie

Pro Person: ca. 342 kcal, 19 g EW, 14 g Fett, 33 g KH, 9 g BS

Backofen auf 200 °C (Ober-/Unterhitze) vorheizen. Backblech mit Backpapier belegen. Kohl putzen, waschen und evtl. halbieren. Rote Beten und Süßkartoffeln schälen und in Spalten schneiden. Gemüse getrennt nach Sorten mit je 1 TL Olivenöl mischen, mit Salz und Pfeffer würzen.

Zuerst die Roten Beten auf dem Blech in den Backofen schieben. Nach etwa 10 Minuten Rosenkohl und die Süßkartoffeln hinzufügen. Restliches Olivenöl darüberträufeln. Gemüse weitere 20 bis 25 Minuten bissfest garen.

Eier und Milch verquirlen, mit Salz und Cayennepfeffer würzen. Feta zerbröckeln und untermischen. Gemüse in vier kleine Auflaufformen (oder in eine größere) umfüllen und mit der Eiermilch begießen. Erneut in den Ofen schieben, weitere 12 bis 15 Minuten backen. Petersilie waschen und trocken schütteln, die Blätter abzupfen und grob hacken. Den Auflauf damit bestreut servieren.

Apotheken Umschau Kein anderes fettarmes Nahrungsmittel liefert so viel fettlösliches Beauty-Vitamin E wie die Süßkartoffel.

WINTER-COUSCOUS

Für 2 Personen
Zubereitung: ca. 20 Min.

100 g Couscous
150 ml Gemüsebrühe
2 Frühlingszwiebeln
3 Stangen Staudensellerie (mit Grün)
350 g gegarte Rote Beten (selbst gekocht oder vakuumiert)
2 TL Meerrettich (aus dem Glas)
1 TL Balsamico bianco
Pfeffer aus der Mühle
100 g Feta (Schafskäse; 9 % Fett i. Tr.)
50 g geröstete, gesalzene Pistazien (mit Schale)

Pro Person: ca. 390 kcal, 20 g EW, 8 g Fett, 48 g KH, 10 g BS

Den Couscous in einer Schüssel mit der heißen Brühe übergießen und 10 Minuten quellen lassen.

Die Frühlingszwiebeln putzen, waschen und in feine Ringe schneiden. Sellerie putzen, waschen und in Scheiben schneiden, Selleriegrün hacken. Rote Beten würfeln.

Das Gemüse mit Meerrettich und Essig unter den Couscous mischen und mit Pfeffer würzen. Auf vier Teller verteilen.

Feta zerbröckeln oder würfeln. Pistazienkerne aus den Schalen lösen und grob hacken. Beides mit dem gehackten Selleriegrün auf dem Couscous verteilen.

Umschau Pistazien haben schon in mehreren Studien gezeigt, dass sie die Blutfette positiv beeinflussen können. Als Grund vermuten Forscher neben einer günstigen Fettsäurezusammensetzung noch weitere Inhaltsstoffe.

KARTOFFELPÜREE MIT ÄPFELN UND KIDNEYBOHNEN

Für 4 Personen
Zubereitung: ca. 45 Min.

750 g mehligkochende Kartoffeln
Salz
300 g Kidneybohnen (aus der Dose)
4 EL geröstete, ungesalzene Erdnüsse
2 große Gemüsezwiebeln
4 EL Mehl
4 EL Rapsöl
2 Äpfel
16 Salbeiblätter
Pfeffer aus der Mühle
200 g Magerquark
5 EL Milch
frisch geriebene Muskatnuss

Pro Person: ca. 487 kcal, 21 g EW, 17 g Fett, 62 g KH, 13 g BS

Die Kartoffeln schälen, waschen und in etwa 3 cm große Stücke schneiden. In wenig Salzwasser aufkochen und zugedeckt etwa 25 Minuten weich kochen.

Den Backofen auf 100 °C (Ober-/Unterhitze) vorheizen. Die Kidneybohnen in einem Sieb kalt abbrausen und abtropfen lassen. Die Erdnüsse grob hacken. Die Zwiebeln schälen, in dünne Ringe schneiden und im Mehl wenden, überschüssiges Mehl abklopfen.

Das Rapsöl in einer hohen ofenfesten Pfanne erhitzen, Zwiebeln und Erdnüsse darin bei mittlerer Hitze goldbraun braten, auf Küchenpapier abtropfen lassen.

Die Äpfel waschen, vierteln und entkernen, Viertel in nicht zu dünne Spalten schneiden. Mit den Salbeiblättern und den Kidneybohnen im Öl in derselben Pfanne unter Wenden kurz braten. Alles mit Salz und Pfeffer würzen und im Ofen fertig garen.

Die Kartoffeln abgießen, sofort mit dem Kartoffelstampfer zerdrücken und mit einem Schneebesen Quark und etwas Milch unterrühren.

Das Püree mit Salz, Pfeffer und Muskatnuss würzen. Mit Zwiebeln, Erdnüssen, Salbei und dem Apfel-Bohnen-Mix servieren.

Apotheken Umschau Die meisten Vitamine und sekundären Pflanzenstoffe befinden sich beim Apfel in oder unter der Schale. Deshalb am besten immer mit Schale verspeisen. Besonders viel Vitamin C enthält zum Beispiel die Sorte Braeburn.

Pro Person:
ca. 487 kcal

OFENGEMÜSE
MIT BOHNEN-HUMMUS

Für 2 Personen
Zubereitung: ca. 50 Min.

Für das Ofengemüse:
200 g Möhren
300 g Rote-Beten
180 g Petersilienwurzeln
200 g Knollensellerie
3 TL Olivenöl
Saft von ½ Zitrone
Salz, Pfeffer aus der Mühle
3 TL Balsamico bianco

Für den Hummus:
1 Dose weiße Bohnen
(250 g Abtropfgewicht)
1 kleine Zwiebel
1 EL Sesamöl
1 EL Sesampaste (Tahin)
2 EL Naturjoghurt (1,5 % Fett)
Salz, Pfeffer aus der Mühle
Paprikapulver (rosenscharf)
2–3 Stiele Petersilie

Pro Person: ca. 450 kcal, 15 g EW, 18 g Fett, 38 g KH, 21 g BS

Für das Ofengemüse den Backofen auf 200 °C (Ober-/Unterhitze) vorheizen. Ein Backblech mit Backpapier belegen. Gemüse putzen und schälen. Möhren und Rote Beten in dünnere Spalten oder Stifte schneiden, Petersilienwurzeln und Sellerie in dickere Spalten oder Stifte schneiden.

Das Olivenöl mit Zitronensaft verrühren und mit Salz und Pfeffer würzen. In einer Schüssel mit dem Gemüse mischen. Gemüse auf dem Blech verteilen und im Ofen auf der mittleren Schiene etwa 35 Minuten garen. Dann in einer Schüssel mit dem Essig mischen.

Für den Hummus die Bohnen in ein Sieb abgießen, abbrausen und abtropfen lassen. Zwiebel schälen, in feine Würfel schneiden und im Sesamöl andünsten. Die Bohnen und etwa 4 EL Wasser hinzufügen und zugedeckt etwa 5 Minuten garen.

Vom Herd nehmen, mit Sesampaste und Joghurt in einen hohen Rührbecher füllen und mit dem Stabmixer fein pürieren. Mit Salz, Pfeffer und Paprika würzen. Petersilie waschen und trocken tupfen, Blätter abzupfen und fein hacken. Bohnen-Hummus-Dip damit garnieren und zum Ofengemüse servieren.

Apotheken Umschau Das Ofengemüse eignet sich auch sehr gut für „Meal-Prepping“. Dafür das Gemüse am Vortag zubereiten und mit dem Essig mischen. Am nächsten Tag dann den Hummus zubereiten. Beides in getrennten Boxen zum Beispiel ins Büro mitnehmen.

Pro Person:
ca. 450 kcal

FEURIGER BOHNEN-PAPRIKA-TOPF

Für 4 Personen
Zubereitung: ca. 35 Min.

je 1 rote, gelbe, orangefarbene und grüne Paprikaschote
2 Zwiebeln
40 g Ingwer
400 g festkochende Kartoffeln
4 Stangen Staudensellerie
1 EL Olivenöl
2 EL Tomatenmark
1 TL gemahlener Kreuzkümmel
½ TL Zimtpulver
1 TL Currypulver
600 ml Gemüsebrühe
650 g Kidneybohnen (aus der Dose)
16 Champignons
Salz, Pfeffer aus der Mühle
Chilipulver
50 g Parmesan (am Stück)

Pro Person: ca. 374 kcal, 23 g EW, 7 g Fett, 53 g KH, 22 g BS

Die Paprika längs halbieren, entkernen, waschen und in mittelgroße Würfel schneiden. Zwiebeln und Ingwer schälen und in feine Würfel schneiden. Die Kartoffeln schälen, waschen und in kleine Würfel schneiden. Sellerie putzen, waschen und in dünne Scheiben schneiden.

Das Öl in einem großen Topf erhitzen, Gemüse und Kartoffeln darin andünsten. Tomatenmark dazugeben und kurz anrösten. Kreuzkümmel, Zimt- und Currypulver dazugeben und mit der Brühe ablöschen. Den Eintopf bei mittlerer Hitze 15 Minuten garen.

Die Kidneybohnen in einem Sieb kalt abbrausen und abtropfen lassen. Die Champignons putzen, trocken abreiben, klein schneiden und mit den Bohnen zum Eintopf geben. Nochmals aufkochen, mit Salz, Pfeffer und nach Geschmack mit Chili würzen.

Den Parmesan reiben und vor dem Servieren zum Eintopf geben.

Apotheken Umschau Kombinieren Sie eisenhaltige Hülsenfrüchte mit Vitamin-C-reichen Lebensmitteln wie Paprika. Sie verbessern die Eisenaufnahme.

Pro Person:
ca. 374 kcal

FALAFEL MIT SESAMDIP

Für 4 Personen
Zubereitung: ca. 40 Min. plus 24 Std. Einweichzeit

Für die Falafel:
200 g getrocknete Kichererbsen
1 Zwiebel
2 Knoblauchzehen
je 1 kleines Bund Petersilie und Koriandergrün
Salz
1 EL gemahlener Kreuzkümmel
1–2 Msp. Chiliflocken
2–3 EL Mehl
1 TL Backpulver
4 EL Raps- oder Sonnenblumenöl

Für den Dip:
250 g Naturjoghurt
2 EL Sesampaste (Tahin)
Salz
1 Spritzer Zitronensaft

Außerdem:
2 kleine Bio-Zitronen

Pro Person: ca. 322 kcal, 9 g EW, 21 g Fett, 19 g KH, 5 g BS

Am Vortag für die Falafel die Kichererbsen in einer Schüssel mit reichlich Wasser bedecken und 24 Stunden einweichen.

Am nächsten Tag die Kichererbsen in ein Sieb abgießen, gut abtropfen lassen. Zwiebel und Knoblauch schälen und grob zerkleinern. Die Kräuter waschen und trocken schütteln, die Kräuterblättchen abzupfen. Einen Teil der Kräuter für die Garnitur beiseitestellen.

Kichererbsen, Zwiebel und Knoblauch im Mixer pürieren. 1 TL Salz, Kreuzkümmel und Chiliflocken mit Mehl und Backpulver mischen und unter das Kichererbsenpüree mischen, sodass eine geschmeidige Masse entsteht.

Aus der Masse mit angefeuchteten Händen etwa 16 Bällchen formen und flach drücken. Das Öl in einer großen Pfanne erhitzen und die Falafel darin auf beiden Seiten etwa 5 Minuten gut durchbraten. Auf Küchenpapier abtropfen lassen.

Für den Dip Joghurt mit Sesampaste glatt rühren, mit Salz und Zitronensaft würzen.

Die Zitronen heiß waschen, trocken abreiben und achteln. Falafel mit den Zitronenachteln und dem Dip anrichten, mit den restlichen Kräutern garnieren.

> Apotheken Umschau Klein, aber oho: Ihr Mix aus komplexen Kohlenhydraten, Ballaststoffen und hochwertigem Eiweiß macht Kichererbsen zu echtem Powerfood.

Pro Person:
ca. 322 kcal

WURZELGEMÜSE-PASTETE

Für 4 Personen
(1 Kastenform, 28 cm Länge)
Zubereitung: ca. 30 Min. plus 45 Min. Ruhezeit und ca. 45 Min. Backzeit

175 g Weizenmehl (Type 550)
50 g kalte Butter
60 g Magerquark
3 Eier
Salz
600 g Wurzelgemüse (z. B. Möhren, Pastinaken, Petersilienwurzeln, Knollensellerie)
½ Bund Frühlingszwiebeln
125 g Kochsahne (15 % Fett)
Pfeffer aus der Mühle
1 Prise Chilipulver
1 Msp. frisch gemahlene Muskatnuss
2 EL Paniermehl

Pro Person: ca. 440 kcal, 13 g EW, 15 g Fett, 46 g KH, 5 g BS

Aus Mehl, Butter, Quark, 1 Ei und 1 Prise Salz einen Mürbeteig kneten. In Folie gewickelt etwa 45 Minuten kühl stellen.

Inzwischen das Wurzelgemüse putzen, schälen und längs in dünne Scheiben schneiden. In kochendem Salzwasser 2 bis 3 Minuten blanchieren, abgießen und abtropfen lassen.

Frühlingszwiebeln putzen, waschen und in Ringe schneiden. Die Kochsahne mit den übrigen Eiern verquirlen, mit Salz, Pfeffer, Chili und Muskatnuss kräftig würzen.

Den Backofen auf 200 °C (Ober-/Unterhitze) vorheizen. Drei Viertel des Teigs zwischen Backpapier etwas größer als die Kastenform ausrollen. Die Form erst mit Backpapier, dann mit dem Teig auslegen. Für den Pastetendeckel den übrigen Teig zu einen Rechteck in Kastenformgröße ausrollen. Falls Teigreste anfallen, nach Belieben einige kleine Sterne o. ä. zum Dekorieren ausstechen.

Das Paniermehl auf den Pastetenboden streuen. Wurzelgemüse und Frühlingszwiebelringe einschichten und mit der Eiersahne begießen. Den Teigdeckel auflegen, ggf. mit Teigmotiven verzieren. Die Pastete im Ofen auf der mittleren Schiene etwa 45 Minuten goldbraun backen.

Apotheken Umschau Wurzelgemüse wie Möhren, Petersilienwurzeln und Co. sind in der kalten Jahreszeit ein super Lieferant für Mineralstoffe wie Kalzium, Eisen und Kalium. Dank ihres hohen Ballaststoffgehalts unterstützen sie zudem die Darmgesundheit.

Pro Person:
ca. 440 kcal

FLADEN MIT TOMATEN- UND ZWIEBEL-GEWÜRZÖL

Für 4 Personen
Zubereitung: ca. 25 Min. plus 130 Min. Ruhezeit und ca. 15 Min. Backzeit

10 g Trockenhefe
1 TL Zucker
450 g Weizenmehl (Type 550)
Salz
100 ml Olivenöl
Mehl für die Arbeitsfläche
4 EL Zatar (Gewürzmischung aus Sesam, Kräutern, Sumach und Kreuzkümmel)
1 rote Zwiebel
1 große Tomate

Pro Person: ca. 223 kcal, 8 g EW, 13 g Fett, 48 g KH, 3 g BS

Die Hefe mit Zucker und 100 ml lauwarmem Wasser verrühren und 10 Minuten arbeiten lassen. Dann mit Mehl, 1 TL Salz, weiteren 100 ml lauwarmem Wasser und 50 ml Olivenöl mit den Knethaken des Handrührgeräts verkneten. 5 Minuten per Hand weiterkneten, zu einer Kugel formen und zugedeckt an einem warmen Ort 2 Stunden gehen lassen.

Auf der bemehlten Arbeitsfläche erneut durchkneten, in 8 Portionen teilen und diese zu Kugeln formen. (Nach Belieben die Hälfte davon jetzt einfrieren.) Auf mit Backpapier belegten Backblechen zugedeckt weitere 10 Minuten gehen lassen. Flache Fladen formen. Den Backofen auf 225 °C (Ober-/Unterhitze) vorheizen.

Zatar mit restlichem Olivenöl verrühren. Zwiebel schälen und in feine Würfel schneiden. Die Tomate waschen und in kleine Würfel schneiden, dabei den Stielansatz entfernen. Je die Hälfte des Gewürzöls mit Zwiebel- bzw. Tomatenwürfeln mischen.

Die Fladen nach Belieben mit den Mischungen bestreichen. Im Ofen auf der mittleren Schiene 10 bis 15 Minuten goldbraun backen.

APOTHEKEN Umschau Statt Weizenmehl Type 550 können Sie auch Weizenvollkornmehl verwenden. Es enthält noch alle wertvollen Inhaltsstoffe der Randschichten und des Keimlings. Übrigens: Weizenvollkornmehl braucht mehr Flüssigkeit als normales Mehl. Verwenden Sie darum immer 10 bis 15 Prozent mehr als in den Rezepten angegeben.

Pro Person:
ca. 223 kcal

REGISTER

I/J

K

L

M

N

O

P

IMPRESSUM

Vegetarisch mit Genuss kochen
100 leckere Rezepte für jede Jahreszeit

ISBN 978-3-927216-58-7
PZN: 16820892

1. Auflage 2020
Wort & Bild Verlag
Konradshöhe GmbH & Co. KG
Konradshöhe 1, 82065 Baierbrunn
Handelsregister: Amtsgericht München
HRA 44980
USt-ID-Nr. DE 130750628

Geschäftsführer: Andreas Arntzen (Vorsitzender), Dr. Dennis Ballwieser
Chefredakteur: Dr. Hans Haltmeier

Bildbearbeitung: Marita Schirwitz
Produktion: Angelika Emmert
Text: In Zusammenarbeit mit Eva Hege
Koordination: Eva Hege, Stella Paschen
Grafik & Satz: Irene Schulz
Druck: Optimal Media GmbH, Röbel/Müritz

FSC www.fsc.org MIX Papier aus verantwortungsvollen Quellen FSC® C108521

Im Vertrieb der Edel Verlagsgruppe
Edel Germany GmbH, Neumühlen 17,
22763 Hamburg, buchvertrieb@edel.com

Das Layout wird lizenziert von der ZS Verlag GmbH, Konzeption und Projektleitung: ZS Verlag GmbH.

Hinweis
Die Ratschläge in diesem Buch wurden sorgfältig von Autoren und Verlag erarbeitet und geprüft. Erkrankungen gehören in ärztliche Behandlung. Das Buch kann daher keinen ärztlichen Rat ersetzen

Bildnachweis
Umschlag:
W&B/Meike Bergmann
W&B/Sabine Büttner
W&B/Sonja Priller
W&B/Jörn Rynio

Innenteil:
W&B/Meike Bergmann, S. 14, 37, 51, 73, 77, 97, 103, 109, 143, 145, 177, 181, 184, 197, 201, 205, 209
W&B/Eda Calisti, S. 43, 90
W&B/Carsten Eichner, S. 71
W&B/Julia Hoersch, S. 82, 89, 165
W&B/Andrè Kirsch, S. 5
W&B/Jörn Rynio, S. 27, 29, 33, 39, 41, 45, 49, 53, 55, 61, 63, 67, 68,75, 79, 81, 83, 85, 87, 93, 95, 101, 113, 117, 120, 121, 123, 125, 127, 128, 129, 131, 133, 135, 139, 147, 149, 150, 151, 153, 157, 169, 171, 172, 175, 179, 185, 193, 196, 199, 203, 207
W&B/Katrin Winner, S. 35, 59

Die beliebten Bücher der Apotheken Umschau

Gesund leben, nachhaltig kochen und ausgewogen essen – die Experten der ***Apotheken Umschau*** erklären, wie's geht.

Gesund abnehmen – Ran an das Hüftgold mit Genuss und Erfolg!

19,99 €

PZN: **16228656**
ISBN: **978-3-927216-53-2**

Ein Muss für alle, die Ernährung auf „gesund" schalten wollen

19,99 €

PZN: **16228633**
ISBN: **978-3-927216-52-5**

Heilpflanzen – Wie sie wirken und uns helfen, gesund zu bleiben

19,99 €

PZN: **16672629**
ISBN: **978-3-927216-55-6**

Superfoods – Gesunde Kraftquellen aus unserer Heimat

14,99 €

PZN: **16513049**
ISBN: **978-3-927216-57-0**

Jetzt erhältlich

in Ihrer Apotheke, im Buchhandel oder über unseren Partner Herold Fulfillment GmbH unter:

E-Mail: **bestellungen@herold-va.de**

Fax: **089/61 38 71-20**

Weltbild.de Thalia OSIANDER.de Bücher seit 1596 Hugendubel Die Welt der Bücher